那些好命女不告诉你的事

Happiness Secrets for Women

女人要好命必懂的29个简单秘方

罗夫曼／著
LOVERMAN

南方日報出版社
NANFANG DAILY PRESS
中国·广州

图书在版编目（CIP）数据

那些好命女不告诉你的事 / 罗夫曼著. —广州：南方日报出版社，2009.4
ISBN 978-7-80652-899-0

Ⅰ.那…　Ⅱ.罗…　Ⅲ.女性—幸福—通俗读物　Ⅳ.B82-49

中国版本图书馆 CIP 数据核字（2009）第 046974 号

那些好命女不告诉你的事　罗夫曼 著

出版发行：南方日报出版社
地　　址：广州市广州大道中 289 号
电　　话：（020）87373998-8502
经　　销：全国新华书店
印　　刷：佛山市浩文彩色印刷有限公司
开　　本：787mm×1092mm　1/16
印　　张：8.75
字　　数：80 千字
印　　数：1-10000 册
版　　次：2009 年 4 月第 1 版
印　　次：2009 年 4 月第 1 次印刷
定　　价：22.00 元

投稿热线：（020）87373998-8503　读者热线：（020）87373998-8502

网址：http://www.nanfangdaily.com.cn/press　http://www.southcn.com/ebook

男人对于愿意守护他的女人，
是没有抵抗力的，你愈能够包容他，
他甘心回馈的就愈多。

Contents

Part2

好命女绝不会做的傻事

Part3

女人要好命，就应该这样做

【作者序】

美好姻缘是煮出来的

自从我的“撒娇女”系列书热卖以来，从出版社的读者回函、电子信件，或从部落格、读书讨论区里，传来一波又一波的女性读者声音，要求我写一本可以让女人变好命的教战手册。

几个月前，我应广大读者要求，开始筹划这个任务。

年轻时我就访问过很多好命女，那时我在当记者，后来又为杂志社采访，十几年下来，访过不下数百位女性，再加上我从朋友那里听来的故事，或没事到菜市场、美发院和女性同胞东拉西扯的，我发现，好命女其实到处都有。而且女人要好命，让另一半疼你、感情稳定、家庭幸福，并非是什么天大的难事，只是有没有想通而已。

我为了写这本书，有一天特地把十几年累积下来的联络簿拿出来，一个个勾选，共选出了137位好命女；接着，我泡了一杯热牛奶，在子夜时分喝着热牛奶，细细回想她们的故事，回想她们说过的话、做过的事，试着从中找出她们成为好命女的共通点。

那个晚上，我把她们的行为和人格特质逐一写下来，做了整理和归纳，这才发现，原来，她们的好命秘诀，是如此的平凡和简单。

例如，凡事只要先为对方着想，大部分的男人（除了一小部分良心被狗吞了的恶男），也都会回过头来为你着想，彼此这样好来好去，感情和信任就愈深。

例如，尽心把家打理好，让他回家有归属感（并非要你像女佣一样每天打蜡或擦窗户，把家搞得像豪宅或博物馆那样一尘不染），那种温暖和安全感，会让他不自觉地为这个家付出。

例如，男人犯了错，对他冷嘲热讽或破口大骂的，通常男人事后都会成累犯，而且是不可理喻的累犯，做错事还对你凶。相对的，当他犯错时，先帮他找出原因，他多半自己会改过，内心还会偷偷感谢你。

此外，我也发现，**这些好命女之所以好命，都还有一种共通的“好习惯”，那就是：凡事都往好的一面想。**

例如，另一半做生意失败，她们都不怕苦，不怕重头再来，也相信这次失败，是老天爷要给他们更大成功的开始。

如果你有这样的好习惯，即使遇到台风、地震、病痛、破产或失业……也都能化险为夷，借着生活的历练，来让彼此心中的感情刻纹，刻印得更深，也更丰富。

同样的月亮，好命女会在月光下享受浪漫的气氛，歹命女则是在月光下和另一半吵架或怄气。原因是，好命女会感谢另一半带她出来看月亮，歹命女则一味抱怨晚上蚊子多，或月亮不够圆不够亮。

“既然事情发生了……再多想多烦也没用，不如用全部心力去渡过难关。”

这是一位在菜市场卖菜的阿姨常说的一句话。十几年前她老公出了车祸，下半身不能动，她要出去卖菜又要照顾老公、带小孩，再苦她都不怨天尤人。现在小孩都成人了，老公也慢慢可以做点家事了，很疼爱她更感激她，全家和乐融融，幸福美满。

有一次，她在菜市场和朋友聊天，隔壁卖猪肉的欧巴桑说她歹命，老公不能陪她到处游山玩水，她却笑着说，这样也好，她都不用烦恼老公会学人家到处趴趴走劈腿偷腥的……

我想，如果她不是好命女，而是一般的妇女，可能早就捶心肝痛哭吧！

其实，女人的好命和美好姻缘，是用耐心和贴心“煮”出来的，没有速成班，也没有快捷方式，更不能找打手帮你。然而，就像很多年轻女孩不会煮可口浓郁的佳肴一样，这个道理不是人人都懂的，是需要经过历练和智慧，才能看清的。

懂得“煮”出好命和美好姻缘的女人，会在老公出门时，帮他在身上多带点钱或喉糖。多带钱若在途中有意外才可以应急，喉糖是怕他开会说太多话喉咙又干又痛。

等到老公回家时，好命女不一定准备大餐，而是泡个参茶或开一瓶鸡精，让他经过一整天的身心操劳后，可以先放松一下，让情绪和健康常保稳定之余，更可因此避开下班和晚饭时间——这段科学家统计出来的吵架高峰期。

好命女上街时，也替体质容易出汗，但又须久坐办公室或外务多、长时间开车的老公，购买透气排汗的内衣裤。如果老公的脚曾扭伤不能久站，还会去买气垫鞋，半夜他应酬喝醉回来，还会准备热茶或蛤蜊汤……

男人的心也是有血有肉的，好命女如此贴心照顾，有良心的男人再累再苦，压力再大，也会为了好命女和这个家拼命。

好命女的好命“秘方”，说穿了，就只是这些平凡简单的“想法”和“习惯”，没有什么伟大或惊人的“秘密”，也没有深奥神秘的“哲理”，却能让她们享受到满满的幸福和爱情的甜蜜。

好命女不会说的秘密，现在我已经说了，接下来，你是要继续怨自己瞎了狗眼，还是开始定做你自己的好命，预约你自己的幸福？

请为了你自己和另一半，还有小孩、亲人想一想吧！

Part 1
好命女的“想法”和你不一样

1 当他忘了重要日子，也是一件好事

女人生性浪漫，渴望每晚都能和另一半在烛光下喝红酒，或是开派对看烟火。

但我必须代表上帝对你说抱歉，因为，人生本来就无法事事如意、心想事成。尤其，当男人把重心放在事业、人脉或其他方面时，往往会忘了你的重要日子。这时，你会失落、沮丧或失望，那是自然的。

只是，同样是女人，面对同样的粗神经男人，歹命女的反应，可想而知是一哭二闹三瞎拼（shopping）来消气。

然而，好命女之所以好命，在于她懂得凡事往好的一面想。她会认为，老公或男友忘了重要日子反而是好事，例如，这么一来，她才能拥有编剧和导演的权力，随心所欲地策划重要日子的特别节目。

例如，情人节、圣诞节、彼此的生日，这些是女人每年必过的基本节目，结了婚的人还多了个结婚纪念日，有些更浪漫的女性，还把第一次约会或第一次接吻或第一次……都立为重要纪念日。如此算起来，女人心中的重要日子搞不好有几十个，这时，除非你的男人是退休或失业状态，否则要他全部配合演出，而且是全心投入地演出，根本是不可能的任务。

当现实和自己的期待产生好几层楼的落差时，聪明、成熟又体贴的女人，就应该懂得如何调整自己的期待，把自己的需求降低，把有限的预算和时间，集中起来享受几个最重要的日子就好，让人生留下有质感且深度的美好回忆。如此，才能成为名副其实的好命女。

可惜的是，并非所有女人都能这么好命。

曾经有个女性读者写信来问我，说她和先生老是为了这些纪念日争吵，她生性浪漫，只是渴望他用心点，没想到，婚姻迈入第五年了，他还是忘了结婚纪念日，她哭了一整夜，问我他们的婚姻是否已经快走到尽头。

说实在的，如果因为先生忘了重要日子，就断然离婚，这样的女人会一生歹命孤单，也是她自找的，绝不是什么祖坟风水不好或上辈子欠人家钱，这辈子冤亲债主来破坏你的美好姻缘。

真正的好命女，不会太执著于那些天杀的纪念日。

真正的好命女，反而懂得珍惜平常两人一起牵手在街上闲逛的幸福。

真正的好命女，最难忘的是两人窝在家里看电视时，看到某个剧情，同时讲出一句话，相视而笑的完美默契；或者在寒夜里，裹着同一条毛毯取暖，懒洋洋地看着对方。

真正的好命女，知道这些才是人生最美好、最幸福的时刻。

不知道是哪个歹命人说：“婚姻是爱情的坟墓。”

事实上，婚姻不是爱情的坟墓，只是自私、骄纵、愚蠢、任性女人的幸福终结站。

想要成为好命女不难，只要学会凡事往好的一面去想，凡事为对方着想，就能找出两个人都能接受、都能享受其中的生活模式。

因为，爱情、婚姻原本就不会如偶像剧演的那样，有钱小开包下整艘邮轮，只为了给你一个“认识三个月”的惊喜。

我曾看过一则新闻，有位富商花了三个月的时间，秘密筹划了一场婚礼，要给和他结婚22周年的老婆一个惊喜。他费尽心思，把当初所有参加他们婚礼的来宾、证婚人，通通又请回来，再次参加他们的秘密婚宴。

这位富商的用心，让现场所有的人都感动得落泪。

我的一位女性朋友看到新闻时，也含着泪说：“这男人这么浪漫，哪个女人会不愿再和他厮守22年呢？”

可悲的是，大部分人都只看到富商的一日用心，却没想到她太太背后8000多个日子（差不多是22年）的默默体贴，把富商的身体和家里老小照顾好，让他无后顾之忧地在外面打拼。

在我眼里，这场特别的秘密婚宴，是富商为了感激她这么多年来的付出与包容所做的补偿和肯定。我不相信他们结婚22年来，每年都是这么玩的。

换个角度想，如果他老婆每一年都为了纪念日和他热吵冷战的，我相信，22年后的电视新闻，应该是富商派杀手干掉她或设局抛弃她的惊人报道。

当男人忘了重要日子，歹命女恨不得把男人生吞活剥，好命女则是庆幸自己有个以事业心为重，全心为家人打拼的好男人。

我有一位女性朋友，当她老公忘了重要日子时，她又怨又骂的，开口就是她有多么羡慕人家的老公又体贴又浪漫。有一天，她老公失业了，从此可以天天在家陪她开派对，她又担心房贷交不出来，自己逛街瞎拼的预算也被砍掉，又逼着老公去找工作赚多一点钱，老公一时找不到工作，于是两人就天天吵架。

歹命女，就是如此愚蠢地捉弄自己的男人和幸福，而不自知。

相对的，**好命女之所以能好命，是因为她凡事能从好的一面去思考，不会掉入自己的情绪陷阱，甚至把危机当转机，在不如意中，也能创造出自己的幸福。**

老实说，好命女也是人，同样是两个眼睛一个鼻子一张嘴，和你并没有什么不同，她们之所以会好命，只是因为她们的“想法”和你不一样而已。

下次，当他又忘了重要日子，你仍会觉得是世界末日，或是当作是一件好事呢?

2 当他犯了不该犯的错，才能看出他的弱点

当年某个影坛超级大哥大说出了一句男人内心都想说，却都没说出口的名言："我只不过是犯了天下男人都会犯的错。"这句话惹怒了所有的女性观众。

不过，这位影坛大哥大愿意把自己的一切财产都交给他老婆，即使在外头怎么花、怎么玩，就是只承认自己老婆的地位，因为他老婆看出了他真正的弱点——女人温柔的肩膀。

根据众多受访女性的经验，男人犯了错，若对他冷嘲热讽或破口大骂，通常男人事后不但不会痛改前非，反而都会成累犯，而且是不可理喻、情绪化或有点幼稚的累犯，做错事还比你凶。

相对的，好命女在另一半犯错时，会先帮他找出原因，而他多半自己会改过，内心还会偷偷感谢她。

我有个朋友有次和女朋友出门约会，开车时一个没留神，就闯了红灯。根据我朋友的说法，那个红绿灯路

口大概不会比两辆小发财大多少，而且那时候距离那路口方圆500米内，不要说人影了，连只阿猫阿狗也没有。

没想到，他正开口说："真是一个不小……"最后的那个"心"都还没说出口，他女朋友就跟疯狗一样地大声叫骂起来："你这人怎么这么没道德，万一突然有人冲出来，你不就成了杀人魔，你这种想占小便宜的心态真的很要不得，而且你就是这么不小心的人，才会工作也老是出错……"劈里啪啦地骂了五分钟。

原本我朋友是充满了悔意地想承认自己的小疏忽，结果被他女朋友这么一骂，当场脸拉不下来，骂了回去："怎样？我就是要闯红灯，不然你报警叫警察来抓我啊！疯女人！"

接着更是直接来个大回转，只要看到红绿灯没警察就硬闯过去，然后把女友丢回她家，约会也直接取消了。

我这朋友生气的不是自己犯了不该犯的错，而是他女朋友骂得他头都抬不起来，让他没有一点台阶下，甚至连他的人格也骂，就索性摆烂当起了坏人。

真正的好命女不会在男人犯错时，把男人骂得狗血淋头，因为她知道自己真正的目的是要对方改变，不要再犯错，而这样的做法根本就无法达到目的。虽然把男人痛骂一顿，当下情绪宣泄出去，会很爽快，但是对于两人未来的相处却是毫无帮助。

就以我朋友的例子来说好了，要是当下他女朋友跟他说："哎呀！幸好刚刚路口没有警察，下次多注意点喔！不然我会好担心你。"这样我朋友既收到了她的关心，也会更加注意自己，不让对方为他担心受怕。

就像很多男人做生意失败了，投资失利了，他们的老婆得知后，只会持续地指责和说些马后炮的"高见"："早就叫你不要痴心妄想要做生意当大老板，你怎么就不去照照镜子？你完全不是这块料，你看现在好了吧！这下子怎么办？难道要我带孩子上街去帮你乞讨吗？"

说真的，男人也很倒霉，出钱养家的时候，女人觉得理所当然；工作失利的时候，却要被女人当废物一样骂。

这种恶毒的话既不能改善他们的困境，说不定还会给她们惹来杀身之祸。

我曾看过一则新闻：一位长期失业的男子，在外头和朋友喝酒后身体不适，打电话给在外面送羊乳的妻子，妻子回到家立刻数落他一顿。两人因此起了口角，先生被骂得情绪失控，再加上酒后意识不清，拿起了电吉他痛殴妻子头部，甚至还拿吉他线勒住妻子，直到妻子昏迷。

幸好妻子只是陷入昏迷，送到医院后才捡回了一条命。当男人犯错时，狠狠地数落他，让他无地自容，别说要让男人大彻大悟，只要能不被男人当棒球挥出去就很不错了。

人都有特别脆弱的时刻，犯了错的男人，尤其是那些犯了明显错误的男人，他会不知道自己的问题在哪里吗？难道他不会对自己犯错的事实感到难堪吗？这就像是联考失利后，还被父母亲质问为什么这种题目都考不好一样的难堪，让男人觉得自己彷佛又回到了尴尬的青少年时期，觉得被人当小孩子看待。

老实说，娶到这样的老婆，就算有肩膀的男人，肩膀也会被骂到软掉。

聪明的好命女因为爱对方，反而会在对方犯错时，好好思考究竟为什么自己心爱的男人会这么做。有些女人常犯的错，是在这时候自作聪明地质问男人：“为什么你要这样做？”以为这是找出真相的方式，却不知道这样反而会踩中了男人好面子的死穴，换来男人一顿莫名其妙的脾气。

例如，如果男人回到家沮丧地说自己搞丢了一份重要的文件，你千万别拿出长官的态度来问他：“你怎么会犯这么夸张的错误？”而是该委婉地安慰他：“你最近太累了，才会这样吧！”即使你知道他个性上的弱点就是粗心大意，也要帮他找出台阶下，引导他自己想出问题的所在。

当你柔软得像水一般，男人才愿意在你面前放下无谓的尊严和面子，让你拥抱他最脆弱的一面。唯有这样，男人才会更加爱你，愿意为你付出一切。

3 当他生气或抗议，背后必然有原因

很多女人会抱怨自己的男人脾气不好，老是爱乱发脾气，或是对一些莫名其妙的小事情生气，却从来不去想想男人生气的真正原因在哪里，然后对症下药，帮男人开出万灵丹。

也难怪这样的蠢女人，最后都只能沦落为哭天抢地、怨人怨己的歹命女。

我曾看过电影《空中塞车》，片中有一句让我印象深刻的台词，一个飞航员的老婆在一场朋友聚会上抱怨："你知道，光是问我先生'晚上要吃什么？'就能让他发火了！"

这句话乍看之下，似乎是歹命女倒霉嫁给一个爱乱发脾气的老公。不过，如果你看过这部片子，你就知道她老公身为机场领航员，每天要做的决定不下数千个，而且每一个决定都牵动着飞机上数百人的性命，压力之大，绝对不是一般人能够想象的。

因此，她老公下后班，只想全身心的放松，如果连“晚餐要吃什么”这种小决定都要问他，他回家的意义在哪里？这就是歹命女不懂得体谅另一半，还以为自己是尊重对方的意见，殊不知，她老公下班后最不想的就是做该死的决定。

男人生气的点，并不是小题大做，也不是更年期到了导致情绪化，好命女之所以会好命，就是因为她能够设身处地地去了解男人生气背后的原因。

我有不少男性朋友常说：“有些感受，女人就是不能够理解。”

而真正能够理解男人感受的女人，男人就会爱她一辈子。

就像我认识的一个好命女，她就非常懂得掌握老公心里的深层想法。有次她老公在工作上遇到了挫折，新来的上司莫名其妙的就是想刁难他，处处找他麻烦，明明不是该他负责的事情，通通都算到他头上来。

于是那阵子，她老公的脾气变得相当暴躁，回到家，只要看到她在教导孩子规矩，就会痛声斥责她，骂她为什么要对孩子这么严苛。而这位聪明的好命女，一听立刻就知道老公并不是真的对她的管教方式有意见，而是在她身上看到了上司的影子，才会马上起反感。

你说，这时候一般女人会怎么做？依我的经验，许多蠢女人会马上发作，以为老公生气的原因真的是在管教上，立刻骂回去：“就是因为你这么宠孩子，他才会这么没规矩！既然你不让我管教，那以后都让你管好了！”

另一种女人虽然稍微聪明点，看穿老公因来自工作的压力才会一时失控，但是却自作聪明地把他的情况点出来：“你是因为自己在工作上受到严苛的打压，所以才会觉得我管孩子管得太严。不过，请你分清楚这是两件事情，不要把工作上的情绪转移到管教孩子上。”

不过，我朋友真不愧是好命女，不像上述的两种女人，她知道第一种反应只会让冲突加剧；而第二种女人更惨，不但让男人更生气，还伤害了男人的自尊，因为自己的弱点毫无遮掩地被老婆掀开，尊严挂不住，也伤害了两人的感情。

因此，我朋友第一时间只是默默地点点头，跟老公说：“真不好意思，我最近可能情绪比较紧绷，对孩子严苛了点。”

她先缓和彼此的情绪，再泡杯热茶，静静地坐到老公身边，问他最近工作的情形，让老公好好地发泄情绪，跟着老公骂骂上司。

这就是懂得处理男人内心情绪的好命女，因此，当她为男人抒解了生气真正的原因，男人自然也就更感激她、更疼爱她。

俗话说：“床头吵，床尾合。”有些天真的女人以为只要撒撒娇、哄哄男人、换换性感睡衣，就能轻松搞定男人。要是你不懂男人生气背后的原因，床尾合了也不过只是暂时让他变成一颗未爆弹，下次同样的事情再发生，只会让两人吵得更严重。

例如我有个朋友，某天很生气地打电话来问我："我老婆有没有打电话给你？"

我一时还搞不清楚状况，以为自己什么时候这么没道德地卷入了三角恋。听完他的说明后，才知道原来是他有次喝醉酒回家，把客厅的垃圾桶当马桶，还一路从客厅尿到卧室去，搞得像是法海"黄水"淹金山寺。

隔天，他老婆竟然很"贴心"地打电话给他所有的朋友、同事，警告他们以后不要把他灌得那么醉。

我朋友得知后，气得和他老婆大吵一架，他老婆哭哭啼啼地说："我怎么那么歹命，我这么做还不都是为了你好！难道要让你喝到肝硬化，让孩子没爸爸，让我变成寡妇？你怎么这么是非不分？"

我朋友一听，气到血管差点爆炸，血压飙高到220，喝酒没喝挂，反而是差点被老婆气死。而且他老婆送他到医院后，还嘴贱地补上一句："你看，就是因为你酒喝太多才会这样，看你以后要不要听我的？"

听完我朋友在医院打给我的电话，我还真庆幸自己没老婆，不然娶到这种笨女人，恐怕也会折寿几十年。

我朋友的老婆从头到尾都没有搞清楚状况，他生气的原因其实是面子挂不住，而不是他老婆管他喝酒这件事。男人在朋友面前，总希望自己是个英雄，这种劝告的话在卧室里说就好了，说到全天下都知道，你叫他把面子往哪里摆?

不但会被朋友看成是没酒量的孬种，还是个怕老婆，凡事要老婆帮他出面的小男人。

好命女之所以好命，不是因为她有倾国倾城、沉鱼落雁的美貌，也不是因为她有什么闺房十八招。好命女只是懂得男人心里最需要被维护的是什么，懂得男人内心最不能被践踏的地雷在哪里罢了!

要是你老是觉得自己的男人脾气不好，情绪难以掌握，别只是躲起来哭，或是找姊妹淘诉苦，好好地想一想他生气背后的原因在哪儿，才能让你成为真正的好命女。

4 当他不想回家，不等于外面比家里温暖

偶尔跟朋友去唱歌，每次只要一唱到林忆莲的《爱上一个不回家的人》，几个原本嘻嘻哈哈的女性朋友，就会突然默默地围成一团，仿佛举行哀悼会一样，麦克风一个传一个，每人轮流唱几句。

有一次，其中一个朋友唱着唱着，竟然失控大哭了起来，我们手忙脚乱哄了好久，她才啜泣着说："我老公总是骂我，说我喜欢跑出去唱歌……如果他自己肯早点回家的话，我会这么无聊吗？……"

后来我发现，身边不少女性朋友都有类似的烦恼。她们原本以为经历过风风雨雨，感情好不容易"修成正果"，婚后（或同居后）就可以享受甜蜜的家庭生活，没想到另一半却是个"不回家的男人"！

人家的老公每天六七点就乖乖下班回家报到，自己的老公偏要在外面赖到八九点；离谱一点的，还会到处趴趴走鬼混，过了12点还不打算回家，灰姑娘的马车都

变成熟烂的南瓜了，而老婆仍然“等呒人”（“等不到人”的意思）。

有时我也会在深夜接到朋友的夺命连环扣，那些心碎又愤怒的人妻们，打遍通讯簿里所有的电话，还追查不到老公的下落，只好打来找我这像24小时便利商店的爱情顾问，边哭边问：“他是不是有外遇？他不喜欢跟我在一起吗？还是我煮的饭不好吃，所以不想回家吃饭？我到底做错了什么事？……”

说真的，虽然常让女人独守空闺是一种罪过，我还是要老实告诉天下所有的女性同胞，男人不想回家有很多原因，不一定代表他不再爱你了，或者外面比家里温暖。但我可以拍胸脯保证，如果你继续为这件事哭哭啼啼，或没事找他吵架，真的会让他愈来愈晚归，最后，甚至根本不想回家。

其实男人不回家的行为模式，并不难理解，当然好命女早就摸得一清二楚。他们就像小学生一样，放学以后，总是要跑到别处逛一逛才甘心。你说他的家庭不幸福吗？也未必，只是单纯不想回家做功课而已，他也早就知道这样做，回家会被妈妈痛骂一顿，但电动玩具店或漫画店的诱惑，显然比做功课大多了，因此，他情愿承担被骂的风险。

到了成年，男人还是狗改不了吃屎，对他们来说，白天的工作等于是上学，回家以后面对老婆、孩子，差不多就像在做功课。男人在累了一整天后，总会想找个地方放松，让头脑放空，好好慰劳一下自己的辛劳，然后他才肯回去履行应尽的义务。

所以对好命女来说，男人不爱回家并不是问题的核心，真正的重点在于，要怎样才能让他心甘情愿地想回家并珍惜家庭，而不是把家庭当作他的“功课”。

而且有的时候，男人可能有难言之隐，或遇上一些不好意思对老婆开口的事情，出于逃避现实的心理，才会想在外面逗留。老婆如果还火上加油地责怪他，只怕当他想回家时，脚却不听使唤。

我当记者的时候，就遇到过一个真实案例。

有个老实的男人突然被公司选为合伙人，事实上是要陷害他，让他替公司背债务，老板也从此避不见面。他不断接到讨债公司的电话，不敢跟老婆讲，连续好几天都借故待在公司里，到清晨两三点才敢回家。

偏偏他的白目老婆没发现老公的异状，只知道发泄自己的不爽，拼命骂些“你出运了是吗？学人家到外面喝花酒”、“多赚几个钱有什么了不起，不顾家的男人最烂”之类的话。

他承受着双重的精神压力，过了一个多月如地狱般的日子。有天下班时，人事部对他说，他被解雇了！他听到消息后不知所措，在街上茫然地游荡到10点多，最后决定鼓起勇气，打了通电话回家，打算对老婆坦承一切。

谁知道，老婆听到他的声音就火大，劈里啪啦破口大骂，说自己命苦，嫁了个没良心的男人，咒他为什么不干脆去死算了。他当场心灰意冷，想到自己被陷害、信用破产、失业，还被老婆骂得像垃圾残渣，一时想不开，就买了条童军绳，跑到郊外上吊自杀。

我只能说，遇到这样的老婆，有九条命都不够活，还要怎么给老婆好命?

也许有些男人的确是犯贱，经常把好好的老婆晾在家里，自己在外面玩到三更半夜。但更多的男人，其实只是不想面对回家的压力，如果你能放下自己的偏见，让他感受到多一点温柔、安心和轻松，他就会乖乖回到你的身边，也会重视你为他细心经营的家。

好命的女人，绝对不是生来就好命，而是永远抱持着乐观的态度和客观的角度，看穿另一半的心事，进而体贴地设想到他的需要。要是凡事都往最坏的地方想，随随便便就把老公当作万恶不赦的坏人，最后把男人逼到绝境，你岂不是笨到把自己的生路也断了?

5 当他酗酒或沉迷在线游戏，代表他想逃避现实

我有一个去年才欢欢喜喜结婚的女性朋友，前几天突然打电话给我，说她离婚了，原因是她老公有次喝完酒，竟然出手打了她，事后又死都不肯认错，反而不断数落她的不是。

她在电话里哭得稀里哗啦的，说她不知道自己做错什么。她老公已经一年多没有工作，每天不是跑出去喝酒，就是玩在线游戏。刚开始她也会试着鼓励他，却总是热脸贴冷屁股。后来只要老公喝酒或者熬夜玩游戏，她总忍不住酸溜溜地在旁边诉说自己的委屈。谁知道他那天晚上火气特别大，直接就把她推倒在地上，狠狠打了好几个耳光，打得她的牙齿都差点掉下来。

听完以后，我实在不知道该哭还是该笑。照常理说，我们应该同情受到家庭暴力的妇女才对，可是我得讲一句公道话：这个朋友会闹到家庭暴力离婚的地步，她自己也要负很大的责任。

男人会酗酒或沉迷于在线游戏，并不代表酒真有那么好喝，或者他爱在线游戏比爱你多。很多时候，纯粹是借着酒精或声光效果逃避现实，只要压力排解完毕，也想到解决事情的方法，他就会“回来”了。我相信女性同胞们没有那么笨，多少能想到这一点。

但大部分的女人，还是爱钻牛角尖，把“逃避现实”当作“不求上进”的代名词，完全混为一谈，因此总是爱往最坏的方面想。在我看来，根本是自找麻烦。

只要一扯上酗酒，十个女人里面，有七八个会马上联想到连续剧里常出现的那种中年男人形象：穿着“吊嘎阿”（白色背心）、短裤和人字拖，每天喝得醉醺醺的，不断抱怨自己怀才不遇，还会打老婆，简直就像个无赖！只要另一半的逃避状态超过一个月，差不多就会被女人视为废物、垃圾，甚至连资源回收的价值都没有了。

你可能会想反驳我的“逃避现实”不等于“不求上进”的理论，就像那个离婚的朋友对我说的一样：“可是，他已经逃避了一年多，你又怎么能保证他会振作起来？”

没错，我不能保证，可是男人能在多短的时间内得到放松，重新回到现实，最重要的，得仰赖另一半的体谅和支持。

好命的女人，不会一直担心他会不会恢复，而是深信“他一定会恢复”，不过是早晚的问题罢了。当男人躲到自己的小小世界里，她也不会拼命去缠他，而是如常地生活，并且温柔地在旁边守护他。

我常说，其实男人很单纯，也很好哄，只要他知道你会等他回归现实，也不会因为他有逃避倾向就看不起他，他喝一喝、玩一玩，很快就会觉得无聊，然后乖乖恢复正常生活。

而且，男人对于愿意守护他的女人，往往是没有什么抵抗力的，你愈能够包容他，他甘心回馈的就愈多。但如果你总是斤斤计较又爱哭天喊地，别说暂时性的逃避，我想大部分的男人最后会选择三十六计，走为上策。

曾经有一段时间，我在事业上也承受过很大的压力，不论做什么都像有衰神上身，且又必须经常做出动辄上千万的决策，身上背负的责任常压得我喘不过气。每天回到家，累得像一条大吐舌头喘气的老狗，明明很疲倦，躺在床上却不断胡思乱想，最后只能爬起来灌半瓶烈酒，让自己喝醉才能睡得着。每到周末，为了把现实生活忘得一干二净，更是常喝到不省人事。

幸好我的事业危机，大概不到半年就撑过去，但我也因为时常宿醉，第二天还硬撑着去上班，搞到胃出血进医院躺了一个礼拜。

不幸中的大幸是，当时我身边没有一个聒噪不休的苦瓜脸女人。不然人已经躺在医院里，耳边还要听到一堆“我早就叫你不要喝酒，你就是不听！看你把自己搞成什么样子！”之类的废话，我可能会想直接得胃癌死了算了。

说真的，我虽然不是宿命论者，却也相信“机缘”对一个人的影响。尤其对一个必须扛起家庭责任的男人来说，无论时运不济是自己或大环境的问题，心里所承受的压力，绝不亚于我事业不顺时的程度。

像我那位女性朋友的老公，并非不爱她，事实上，他在失业之前，一直是个深思熟虑、对未来很有规划的人，又对她呵护有加。他不是那种会故意装死或“摆烂”，让老婆一个人在外面吃苦的人，只是个性比较内敛又好强，不愿意让我朋友知道他的烦恼而已。

要是当初我朋友没有朝负面的地方想，以为老公故意冷落她，不求上进，我相信也不至于会闹到诉诸暴力的地步。可惜她不懂得像好命女那样思考，又管不住自己的酸言酸语，就这样白白让一段原本应该会很美满的姻缘被打得烟消云散了。

逃避现实是人之常情，而男人逃避的方式，看起来往往比女人幼稚许多，问题只在于，你怎么去看待这个“幼稚”？是充满爱意和同情心去了解呢，或者以怨怼和愤怒去攻击呢？不妨想想，哪一种才能为自己带来真正的好命！

6 当他无理取闹，可能是有些事不方便说

凡是人，都有隐私或隐疾，但是同时又希望这些弱点、缺陷，能巧妙地隐藏着不被众人发现，永远呈现出美好的一面。只有笨蛋才会不懂这个道理，硬要揭人家的疮疤。

我听过不少女人向我抱怨，说另一半有时候会无理取闹地坚持他的道理，或者有些明明就不是什么了不起的大事，偏偏不告诉她们。我听了都想拿桌上的筷子去戳她们的额头，跟她们说："就已经说是男人不想被知道的事情了，你还一直问，你是想找死啊！"

比方说，有一次我去参加婚宴，和我同桌的一对夫妻，先生看起来温文儒雅，很有徐志摩那年代的文人风范，不论谈吐、外貌都是一时之选，若是真要挑出毛病来，应该就是他的个子小了一点，大概只有1米6左右。

婚宴进行到一半时，新郎、新娘来敬酒了。新娘子身材高挑，明显比新郎高出10厘米左右。这时，我身

旁那对夫妻站起来跟新人敬酒，那位太太就跟新郎说：“你怎么不穿那种鞋底有鞋垫的皮鞋？多垫几层看起来就比较高一点了。像我老公就是这样，他的每双鞋子我都帮他垫三层，看起来就有1米7了。”

我在旁边一听，手上的红酒杯差点摔下去，这老婆说话怎么这么直接啊！转头一看她老公，果然一张脸窘得像是嫖客被警察抓到时的表情，拉着他老婆小声地说：“人家又不矮，不要这样说啦！”

这蠢女人竟然还不知道该闭嘴，冲着她老公说：“来来来，你把鞋子脱下来给他们看，是不是真的差很多？”

这时候她老公整个情绪失控，额头上的青筋都快爆开了，对她说：“你这个肖查某（疯女人）怎么这么爱管闲事，眼睛是瞎了啊！人家高得很，不用你多嘴！”说完就直接把老婆拖出会场，留下一堆人尴尬地拿着酒杯。

其实这真的不是男人无理取闹，为了一点小事情就大动肝火，还在公开场合给大家难看，而是他老婆太不体贴人，硬要往他的地雷区踩。

这位先生肯定是相当自负的人，唯一的遗憾或许就是身高，他老婆竟然还要大家看看他的真实身高，这比起考试作弊被抓到，在全校面前遭受老师羞辱还要惨。

一个好命女，绝对不会将另一半极力想隐瞒的缺点曝光在大家的面前。前面提的蠢女人如果是我老婆，我肯定这辈子绝对不会再带她出门，否则随时都得提防她又要害我丢脸了。

我也听过一个歹命女的故事，她和老公结婚后就搬进了老公家，和公婆同住。三年的时间下来，她说她真的快疯了，她觉得不论她做什么事情，公婆都看她不顺眼。娘家不忍心看她过得这么辛苦，拿出100万元来当作小两口买房子的首期款。她老公听了之后，就答应她的要求说："如果有找到适合的房子，那我们就搬出去住。"

她和妈妈去看了至少100间房子，但是老公不是嫌房子小，就是嫌太贵或是交通不方便，总之就是无理取闹的刁难。她百思不解，为什么老公要这样无理取闹，最后终于忍不住问老公："你是不是根本就不想搬出去？"

这时候她老公竟然大发脾气："你这个女人怎么这么不讲道理？你说要看房子，看了那么多间，我哪间没乖乖陪你去看，你现在还说这种话！做人不要太过分啊！"她老公气得摔坏客厅的立灯，简直就像绿巨人浩克上身了。

但是，这个歹命女不但没有察觉出为什么老公会这样大发雷霆，反而相当强硬地和老公对抗："你根本就没有心想处理搬出去的事情，你以为我看不出来吗？少在那边乱发脾气了，你这么爱跟你妈一起住，那你自己住好了！老娘就是要搬出去！"

结果，自作主张的歹命女真的连夜搬了出去，但是没有工作能力的她，一个人带着孩子，根本就没有谋生能力，最后只好再回头求助老公。

老实说，我一点都不看好他们未来的婚姻，要是她再继续这么冲动，且不懂得体贴老公的想法，这段婚姻迟早都是要结束的，不论是实质或是意识上的结束。

她老公考虑到，由于母亲年纪大了，即使性格上比较难相处，喜欢刁难人，但依然是他的母亲，他想尽一个做孩子的本分好好照顾妈妈，这是他心里的渴望。但是如果直接开口拒绝老婆的要求，又怕伤害到老婆，才会这样无理取闹地拖延着，还必须说谎掩饰。

其实，婆媳问题经常让婆婆、媳妇和老公三方都很难处理，只要她能拿出好命女的智慧，细心地先体会一下老公的心态，然后再用顾全老公面子的方式争取，应该就能如愿搬出，又兼顾到老公想尽孝心的心意。例如，她可以提议买在离婆家不远的地方，好方便三天两头回去；或是在提议搬出去的同时，也拟出一个兼顾婆家的方法，让老公觉得自己不会成为弃父母不顾的人。

我不是当事人，都能看穿她老公的心思了，这歹命女每天和他相处，竟然还搞不懂自己老公在想什么，硬要戳破他，逼他承认自己在说谎，我看干脆拿出刑具来逼他画押认罪算了。

当男人在无理取闹时，他只是想借着愤怒来转移真正想掩盖的痛点，这时候你如果硬要把那个痛点掀出来，逼他“好好面对自己的盲点”，这不是叫他以后在你面前都抬不起头来了?

一个好男人，他会希望自己在心爱的女人面前都是那么可靠、高大，而女人要的不也是同样一个足以信赖的肩膀，让你不用担心外头的风风雨雨，随时都有人守护着?

那么把男人的假面戳穿了，对你究竟有什么好处?

没有！换来的只有男人愈来愈无法面对你，而你的好命也不会再降临。

7 当他坚持己见、一意孤行，内心必然有很大的恐惧

有些女人和男人有歧见时会说：“你真是全世界最自私的人！永远都只有你的意见最重要！”更嘴贱的女人甚至就直接骂：“你的脑子比牦牛粪还硬，跟你说话还不如去跟牛说话！”渐渐放弃和另一半沟通的管道，最后两人的感情渐行渐远。这是歹命女的做法，白白地断送自己的幸福。

有部相当精彩的电影《王牌对王牌》，我前前后后看了不下数十次。内容是由真实故事改编，描述两名警方的顶尖人质谈判高手的对决过程，一个要说服对方放下手上的人质，而另一个则要想办法以人质作为谈判的筹码。其中，最让人会心一笑的是，片子一开头的时候，主角无奈感叹自己能让匪徒放下枪械无条件投降，却无法成功劝他老婆走出浴室，且让他女儿好好闭上嘴，别再和老妈吵架。

老实说，这段话让我相当有感触，**真实的婚姻其实**

就是两个人不断地谈判，不断地妥协与沟通，然后才能获得最后的合局。不过很多女人都不懂这个道理，一心以为爱情就要充满浪漫的梦幻，以及温柔的宠爱，却不知道如何和对方沟通。

当男人一股脑地投身某件事，怎么沟通都没有用时，你必须了解的是他的动机与心理，究竟是什么让他这么坚持，否则就算他前面有100辆坦克车的炮口对着他，你一样阻止不了他。

根据我的经验，通常都是因为“恐惧”。

因为如果男人面前有100辆坦克车，但是他后面却有一颗核子弹即将爆炸，假如换成是你，你也会选择不要命地铤而走险向前冲。

我有个高中女同学，她老公在40岁时才决定辞职，打算自己创业，我同学知道他不曾做过生意，因此百般劝阻，就怕他会失败。但是她老公却像中了邪一般，一意孤行，想把房子卖掉来做生意，完全不听老婆的劝说。

为了这件事，两人一度吵到婚姻濒临破裂，她带着孩子离家出走，威胁老公要是把工作辞掉自行创业，就等着接她的离婚证书。

不过，后来经过了一段冷静期，透过朋友的转述，她才慢慢了解原来他的内心有很深的恐惧，因为原来的公司状况不佳，他深怕自己会被公司裁员；而且那时候我同学正怀有身孕，第二个孩子就要出生。所以她老公才会想赌一把，好让家人能过上更有保障的生活。

于是，我同学才了解，他真正的动机并不是为了虚华的成就感，或是贪图大老板的头衔，而是恐惧未来的生活，因此找对了和老公沟通的方向。

然后，她请理财师来帮家里的开支作规划，并且找了有经验的朋友来分析情势，向他说明如果要投身这个产业，他必须有多少准备，而他目前又有多少可行性。最重要的是，她不再像过去一样用强硬的打击态度反对老公的计划，而是跟老公说："你这么多年来为这个家付出，我都看得到，如果这真的是你想要做的事，我们一起为这个计划做好准备，一起冲！"

这么一来，她老公总算冷静下来，反而打消做生意的念头，并且另寻一间体制更完善的公司工作。当然，更重要的是他们保住了得来不易的珍贵婚姻。

同样的情形，很多女人只要见到老公一意孤行、屡劝不听，根本不想搞清楚为什么老公会这么做，了解到底只是一股牛脾气发作，或是还有更深层的心理因素在驱动着他。吵到最后，只能绝望地选择离婚，没有和他一起背风险。

歹命女在谈感情时，用的是"感觉"。当她感觉对方好像不太对劲，就怀疑男人是不是在外面偷吃；感觉男人在生气，就以为男人天生脾气暴躁，自己嫁给一个火车头，随时都会莫名其妙地喷烟。

相对的，**好命女在谈感情时，不只是用感觉，更会**

用“脑子”和用“心”，去观察男人的行为，去了解男人的心，这样才能真正让男人安心地守在身边，也才能理解男人为什么偶尔会做出一些荒唐的行为。

当你不了解男人坚持的背后原因时，就会成为一道感情的裂痕，即使一开始只是草履虫一般大的裂缝，随着时间的演变，也会变成东非大断层那般巨大，进而撕裂你们的感情基石。

有部经典的爱情片《西雅图夜未眠》，虽然是十多年的老片了，但是我身旁的女性朋友，不论是成熟或幼齿（年轻），都对这部电影难以抗拒，因为它抓到了女人对爱情共有的妄觉：爱情的魔法。

女人都想相信真爱是有魔法的，当魔法生效的时候，即使你什么事情都不做，一样能吸引完美的男人来到你面前，并跪下奉上玻璃高跟鞋。

但是，现实生活却不是这么一回事。**爱情，需要经历千锤百炼，经历无数的磨合、争吵和沟通，最后才能达到一个圆满的状态。**

而好命女就是懂得了解男人的心，放下自以为有魔法保护的身段，用心去了解她所爱的男人。

下回，如果你的男人又要起牛脾气，别急着拿出鞭子来打他一顿，先委婉地安抚他，也别一口气就反对他，否则他只会更把你往外推。要知道，充满恐惧的人，往往也是最容易失控的人，找出他的恐惧点来，你就能帮助他克服恐惧，不再一意孤行地犯下大错。

8 当他连动都不想动，可能是在低潮期

有几个已婚的女性朋友，三天两头对我抱怨老公婚后像是变了一个人，总是没精打采的，还愈来愈懒。除了吃、睡，下班回家就一屁股窝在沙发上，唯一的动作，是伸手去按电视机的遥控器。

其中一个朋友的老公最夸张，整个周末都没有跨出家门一步，坐在电视机前面装死也就算了，当她拎了吸尘器出来，想吸一下地板，他却连脚都不肯抬起来，气得她破口大骂："你是猪呀！"但老公面对如此严重的人格指控，还是一副充耳不闻的样子，害我朋友差点气到中风。

听着朋友那杀猪似的抱怨哀号声，我忍不住在心里偷笑，虽然猪的确是很懒，但指着自己老公的鼻子，骂他懒得像猪，只不过让她自己降格变成一头母猪而已。

说真的，这几年来大环境不好，觉得另一半变得死气沉沉的女人也比以前多，尤其是那些在一起很久，

曾经“共富贵”过的男女，不论当初还在交往或已经结婚，女人们都很怀念那段男人开朗、慷慨又殷勤的岁月。比起来，现在简直就像中世纪欧洲的黑暗时代一样！

可是，好命女并不会因为老公“疑似”变懒，脑袋里就充斥着各种黑暗负面的想法，认为老公呈现瘫痪当机的状态，就是不负责任、混吃等死的表现，更别提会骂老公“你是猪”。

姑且不论一些天生就懒到无药可救的烂男人，其实大部分的男人并不是真的懒惰，只是刚好碰上低潮期罢了！

普通的女人很难理解，为什么男人低潮时的表现那么闷，低潮期也特别长，有时可以长达两三年，感觉上是一头栽进了烂泥坑就赖在里面打滚，好像永远都不会再爬起来的样子，让身边的女人又气又急。

女人当然也有低潮期，但女人低潮的时候，往往会主动找三五好友吐苦水、聊些烦恼来减压，或者冲去“瞎拼”（shopping）一番，以激励自己的士气。而且在各种科学、人文方面的研究中，早就证明了女人的适应力比男人强（你可以为此自豪，但请不要拿来跟男人炫耀）。所以一般而言，女人比较情绪化，可是情绪来得急也去得快，男人就比较死板，没有那么收放自如。

好命女十分理解这个差异性，也就不会蠢到把自己的行为模式硬套到另一半头上，令男人窒息而死。当她发现老公陷入低潮，首先想的是，要怎么替他打气。这也是有学问的。

记得当年我遇到事业危机的时候，有两个公司合伙人也像我一样，每天处在水深火热的煎熬里。其中一个合伙人的老婆，很快就察觉到老公的状况不对劲，私下找我聊过以后，决定假装一切正常，但是其实，随时准备好要找机会鼓励他。

她知道我这位合伙人很想学社交舞，只是一直抽不出时间。有一天他下班回家，她就跟他说，同事介绍了一位舞蹈老师给她，因为舞蹈教室严重的阴盛阳衰，夫妻同行的话，会有特别的折扣，问他想不想一起去。

我的合伙人本来有点自暴自弃，但学跳舞的诱惑很大，就答应了。学完一期以后，他才发现根本没有什么折扣，优惠的部分，还是他老婆自己垫的。但他明白老婆的苦心，所以也不生气，反而乐得把上课当作运动兼约会。到现在两人持续学了好几年，他不但顺利渡过事业低潮，和老婆也比以前更恩爱了。

另外一个合伙人的老婆却很白目，自从知道老公有事业危机，就觉得自己应该负起“贤妻”的责任，每天像个拉拉队女郎一样，只要老公一回家，她就开始劈里啪啦地说些“励志”的话，但内容通常很空泛。根据我合伙人的说法，她不知道从哪里找来几本职场励志书，也不消化就照本宣科地读给他听。

更惨的是，他老婆还企图帮他解决事业上的问题，没事就拉他去跟她的什么舅舅的同学的朋友的大伯吃饭，说是那些人脉可以帮忙他的事业。最后他受不了老婆的关心轰炸，糊里糊涂就决定要和我们拆伙，转而投资她一个远亲的生意，结果那个远亲又卷款而逃，让他落得两头空，因此消沉了好几年。

听说事发后，他老婆又开始想讨好他，拼命骂那个远亲没有良心，她是瞎了狗眼才会相信那个人的鬼话……我那位前合伙人已经够烦了，又听老婆像个广播电台一样吵个不停，虽然知道老婆是一片好心，却怎么样也无法感激她，反而常想拿块毛巾，把她的嘴巴塞住。

虽然男人在低潮的时候，会显得格外无能、无助，但他需要的是另一半的贴心鼓舞，而不是由另一半来过度干涉那些令他情绪低落的事情。

当你发现自己的男人对周围的事情漠不关心时，先别急着责备他，或者想替他解决问题。好命女知道低潮是正常的，只要想办法撤下诱因，四两拨千斤，让他自己慢慢走出来就好了。如果硬是想把男人从低潮里拖出来，最后，只会让你们两个一起滚入更大的低潮里。

9 当他家事做不好，代表他依赖心太重

100个结了婚的女人，就有99个会抱怨老公不会做家事，害她们每天累得像条烂抹布一样，根本不成人形，剩下的那个女人，则是哑巴所以抱怨不了。

这些歹命女就会说，都是因为家事做不完，最后才会被磨得一点女人味也没有，变成有ISO认证的“黄脸婆”，这一切都多亏了老公什么家事都帮不上，回家就是翘脚当少爷。

我有个朋友就曾向我求助，说她白天上班，晚上回到家后，还要接小孩、煮饭、洗衣，同时检查小孩的作业，提醒他们去洗澡，一人包办所有的家事。老公这时候不但不会帮忙，还会在她正忙的时候，来一句：“你都在忙什么啊？回到家都没时间和我说句话。”

她当场气得回了老公一句：“你以为我是酒店小姐，拿钱帮你倒酒、剥葡萄喂你吃，还要挤乳沟陪你聊天啊！我哪有那个闲情，你瞎了眼啊！是没看到我在洗

碗、收拾厨房啊！”

老公原先只是一番好意想和她培养感情，没想到竟然换来一顿骂，只好摸摸鼻子走进厨房说：“那这些碗我来洗，你把厨房收拾一下就好了。”说完就接过老婆手上一个她最爱的瓷盘，打开水龙头准备冲水，没想到“哐啷”一声，成功打破世界纪录：7秒98之内就搞砸了家事。

这时候老婆看着她结婚时，妈妈特地为她选购的高级瓷盘，已经难过得连骂也骂不出口了，只用食指指着客厅的方向说：“你给我滚出去，当你的少爷就好了！”

老实说，我听到这故事的时候，一想到她老公那笨手笨脚的画面，想帮忙结果换来两个星期的冷战和微波炉晚餐，就只能一直憋住呼吸，深怕自己会在泪眼婆娑的朋友面前，“噗哧”笑出来，从此上了朋友的黑名单。

其实，男人并非不会做家事，而是心态的问题。对男人不要破口大骂，男人不是孩子，骂也没办法让他改变。

老实说，别认为这是你家男人才有的问题，男人不会做家事，这已经是足以登上联合国讨论的跨国议题。

男人从小到大所接受的教育，都是女人会处理家里的事情，男人只要专心对付外面的野兽就可以了。这种集体潜意识从数万年前，就已经占据着男人的大脑底层，因此想要改变他，就得用对方法。

以下就是几个好命女偷偷告诉我的“可爱小贱招”：

1. 先从小事和分解动作开始

很多男人不会做家事，是因为他不知道从何做起。别只用自己的想法套用在男人身上，觉得“为什么我会你就不会？”在这里，我要代替上帝向你道歉，当初把男人的“家事脑”给造坏了。因此，一步一步的拆解动作变得非常重要，透过清楚的指示，有助他们进入情况。

比如洗衣服这件事，一开始可以只请老公帮忙按一下洗衣机按钮。没错，就把他当作只有五岁小孩的智商来训练。等他熟悉、习惯后，再进一步请他把衣服丢到洗衣机里。慢慢地，连烘干、晾衣……都可以尝试。另外要注意的就是，整个过程不要进展太快，要有耐心地哄老公做这些事，并且不要忘了在老公完成后，大大地称赞他，就算他只是按下一个钮，也要当作他刚刚拯救了地球。

因为男人很害怕抱怨的情绪、批评或是嘲笑，那会让男人再也不愿意尝试那些他天生就不擅长的事。

2. 不断制造机会

我一个好命的女性朋友，她老公从刚结婚时连扫地都不会，到现在可以煮出五菜一汤，外加布丁甜点。她用的秘诀就是不断制造机会，“别剥夺他们学习的权利。”她有次笑着对我说。

比方说，一顿晚餐要做五道菜，炒到第三道时，她会探头跟先生说：“手烫到了，好痛好痛。”这时先生会义不容辞地冲进去看她的手，好命女再趁机请他帮忙炒完剩下的菜。好命女懂得制造机会让老公帮忙，同时还不忘记撒娇，先生的家事自然愈做愈好。

有时候也可以把家事做到一半，就出门上班去，到办公室再打电话给先生，请他处理剩下的部分。甚至还可以请娘家的人帮忙，说自己必须回娘家一趟，然后让先生意识到应该学习处理家事。不过，别只是像离家出走一样，丢给老公一堆他根本学不会的家事，而是要一步步地请他完成简单的任务。

3. 让男人对家事产生乐趣

我后来发现，会主动做家事的先生们，通常并不是他意识到怎么分担另一半的负担，而是对做家事产生了乐趣。比方爱下厨的先生，多半觉得做饭是有趣又有成就感的事，所以才能一直吸引他们做下去。

像漫画家朱德庸，几年前就曾说过自己是“很有做菜天分的男人”，甚至鼓励其他也喜欢烹饪的男性，享受人生的乐事，主要就是因为他从中获得的不是义务，而是乐趣。

旅游生活频道有个相当有趣的节目《酷男的异想世界》，就是几个男同志教导老派邋遢的男人怎么学习做家事、提升品味，让他们和女人间的感情更好。他们会以各式的鼓励以及更美好的感情生活作饵，来诱使这些男人去尝试。

同样，你也可以学习这种方式来让自己过得比较轻松，让男人了解到，他帮你做家事，不是把他变成佣人，而是能够进一步拉近彼此的感情。男人习惯有女人帮他处理生活大小事，其实是他的依赖心作祟，把你当成了老妈子，而你绝对不要接受这样的情况。

你要让他知道，你是出于爱才把他照顾得服服帖帖，而不是因为你是个老妈子。

10 当他说谎时，代表他很怕失去你

很多人谈恋爱的时候，都有个误解，认为最亲昵的伴侣，一定要将彼此最私密的角落，全部翻出来给对方看，上厕所不能关门、上班和同事说了些什么都要全盘说出，最好科学家赶快发明出能读出大脑的工具，让你连他的梦通通都知道。

这就是为什么爱人之间常互相扮演侦探，因为他们想要知道每一件事，总是激励对方说：“打开你的心，说出来，不论它是什么，将它带出来！”

这也就是为什么女性杂志的“最痛恨男人的什么行为”排行榜上，说谎永远都是第一名。

女人恐惧男人对他说谎，以为说谎就是不爱了，想把你当自助餐里的免洗餐具一样丢掉。

事实上，女人都误解了男人的逻辑，当一个男人真正不爱你的时候，干吗还要浪费时间、脑袋去编谎话。你知道说一个谎就要再编十个谎来圆，这有多累吗？直接给你一箭穿心就好了。

曾有个女强人爱上一个比她小十多岁的小男生，为了这个小男朋友，她买车、买房给他，甚至到最后钱不够了，她还盗用公司公款来帮他换新车。不过，女强人的这般付出不但没有换来小男友的真心对待，反而动辄对她大吼小叫，也不怕她知道他另有女友，直接带着小女友到她家过夜，当场被抓奸在床时，连句道歉或是“我只是在帮她按摩”都没有，因为他根本不在乎女强人，连谎都懒得说。

一般女人只要发现另一半说谎，就呼天抢地宣告世界末日，宣判这男人犯了要下十八层地狱的罪。然而，好命女的想法则不一样。

像我有个小开同学，从我们毕业以来一直从事着需要跑酒店应酬的工作。婚前他老婆就知道他的工作性质是这样，所以小开偶尔带客户上上酒店也还在她能忍受的范围内。

当然，小开男不论怎么跑酒店，他绝对都跟老婆说：“我都只花钱让客户去玩而已，我绝对没有玩。”刚开始我们都觉得他老婆是不是得了暂时性五感失调，怎么会连他身上的口红印、香水味都没发现，就这样好傻好天真地相信他的说词。

有一次他在大陆认识的酒店小姐竟然打电话来台湾，那时他老婆刚好在旁边。据小开说他的手差点废了，被他老婆捏到处处是瘀青。

我跟他讲：“你活该。你老婆又不是白痴，愿意睁一只眼闭一只眼你就该偷笑了，还搞这一套。偷吃的男人还不算最可恶，最可恶的是偷吃还不擦嘴。”

小开男他老婆就是个好命女，平常闷不吭声，并不是像高中女生一样单纯好骗，而是选择相信他的说词，接受他的谎言。因为她体谅老公的工作就是得去跑这些场所，总不能派人去各大酒店门口卧底卖香肠，等老公一出现就跳出来抓人，让他生意也谈不成了。

因此，她宁愿选择相信小开男的谎言，也不去揭穿他，只要她知道小开男还是全力在守护着两人的婚姻与感情，还会在每次回家前想个看似合理的理由，不把外面的风风雨雨带回家，她就知道自己仍是老公心中最重要的。

连说谎都不愿意的男人，才是真的没有爱了，只想借着这种方式来践踏女人，让女方知难而退。**男人会说谎，或是隐瞒事实，主要有两个原因，一个可能只是想保有自己的隐私和自由，另一个则是对你有愧疚，不想伤害你。**

这几年因为电影《练习曲》大卖的关系，我身边一票人开始投入脚踏车这项运动，其中一个当警察的朋友，也跟着加入了一个车队，开始在假日时骑车。

有一次我到他家去的时候，他兴奋地跟我聊起车队的事，还要我赶快去买一台跟他一起骑。我就随口问了一句：“你们车队有正妹吗？有的话我就去！”

他反常地大声说："拜托！会去骑车的女人，要不是壮得像魔鬼终结者一样，就是丑得让我想亮警徽抓人。"

我一听就很不以为然，心想这家伙平常嘴也没这么贱，怎么今天说话这么缺口德，然后才看到我朋友跟我眨眨眼，偷偷比了比在厨房泡茶的老婆。原来他老婆爱吃醋，要是让她听到车队里有年轻的妹妹，肯定要跟他闹上个把月。

像我这位警察朋友，已经是大家公认的好老公，他老婆还是这么爱跟他闹，为了让老婆开心，他宁可说谎、造口业，也不要让老婆疑神疑鬼地担心。

有一次我就取笑他："你还真是会睁眼说瞎话耶！"

他却回答我："我这样还不是为了我们的婚姻，要是完全不在乎我老婆的感觉，我管她去死，没事就说些'你怎么胖成这样，我们车队的女人全部加起来也没你那么胖！'你说这样两个人还要不要相处？我是不希望老婆难过才学会说谎的。"

有一位哲学家说过："生命不可能从谎言中开出灿烂的鲜花。"我想是因为他没有进入过婚姻，才不知道真相往往残忍而令人痛苦，只会撕裂感情而已。

11 当他处处要比你强势，代表他没安全感

俗话说“好男不和女斗”，意思是一个堂堂的大丈夫，能力强、性格成熟，全身每颗细胞都充满自信，又有绅士风度，保护女人都来不及了，哪里会跟女人争强斗狠？

但我必须承认，不是每个男人都能达到理想的“大丈夫”境界。如果你只想找一个天生的完美大丈夫，其他男人都不看在眼里，还不如做好一辈子孤苦无依的心理准备。

所以我觉得，“好男不和女斗”这句话，实在有点不合时宜，应该改成“好命女不和男斗”才对。

现在的女人大多聪明又能干，但相对的，就出现了很多心高气傲的“女王”，习惯在生活中高人一等之后，顺手也把气焰搬到了情场上，对男人好强不服输的心态特别不屑。我甚至亲耳听过一个不到30岁的年轻女主管，直接抬着下巴说：“能力没有女人强，就乖乖当

个小男人好了，耍什么大男人主义！”

老实说，这种女人平常也许能够呼风唤雨，情路却会走得很坎坷，继续坚持下去，肯定会赔上自己的好命，不是老遇到没肩膀的“果冻男”（香甜柔软，遇到高温高压却马上化成一摊水）；就算交往的男人条件和性格都不错，她也不能容忍男人展现强势，要是他斗胆摆出“大男人的架子”，就等着被她斗死，然后再大叹天下的好男人都死光了！

好命女不管自己的能力再强、条件再好，都不会摆出高傲的姿态，叫能力不如她的男人跪拜在她面前。当男人处处想表现强势，好命女也不会认为他是在找她的麻烦。她们知道，男人就是爱面子，愈缺乏安全感，就愈要假扮成无敌铁金刚，因为，他不想让心爱的女人看不起他。

我认识一对小夫妻。女方是从国外名校留学回来的，学历高，还当过模特儿。男方也长得帅，而且很聪明，出社会不到十年就爬到副经理的职位。别说“郎才女貌”，两个人根本都是才貌双全。

问题是，这么“优生”的组合，相处上可不太优。他们结婚没多久，女生就开始抱怨，她老公总是无法停止炫耀自己的才能，不管老婆做了什么事，他一定要表现出自己比她更厉害的样子，非常讨人厌。

比如说，老婆英文好，出国时和老外交谈，即使只是问个路，老公也要硬生生地插嘴，卖弄他的英文程度。有一次，老婆特地织了一条围巾送给老公，没想到老公不但没有露出感动的表情，竟然还淡淡回一句："织围巾有什么稀奇？我大学的时候也织过。"

结果不到半年，女生已经吵着要离婚，原因是她老公当初求婚时，说她是个理想的女人，可是为什么婚后就处处把她踩在脚下？把一个条件不错的女人踩着玩，是要显示自己有多优秀吗？

如果这个优秀的大美女能有一点智慧的话，就会知道，她老公绝对不是拿她的头当脚底按摩垫，也不是自恋狂。只是她对他来说实在太理想，所以他一直想表现得比她强大，不然无法掩饰自己的没安全感——尽管，他的条件并不比她差。

说真的，女生会这样抱怨老公，同样代表她没什么自信。两个表面上条件那么好的人，内心却都很不安，更惨的是，都不敢向对方展现出自己的脆弱。我只能帮他们祈祷，希望他们能换个角度去看这整件事，不然这段婚姻很快就会完蛋了。

我大学时的师母，有一次和我分享她结婚50多年的心得。她说："男人有时很像河豚，遇到威胁时，他们会膨胀成好几倍大，全身的刺都竖起来，看起来好像很了不起，其实都是假象，膨胀得愈大的河豚，心里就愈害怕。"

当我正在想象老师气鼓鼓，胀成一颗球的滑稽模样，师母又笑着补充一句："是不是很可爱呢？我每次觉得他很霸道很大男人，处处要压抑我的时候，只要想象他是一只河豚，就不会生气了。”

师母的做法，就是等到老师没那么张牙舞爪的时候，再去心平气和地跟老师说，她能够理解他不是故意的，但她并不喜欢被踩低的感觉，请他以后尽量避免，却绝口不提她看透他害怕的事。

一位知名的国外投资大师，在他的书中提到，女人的时代即将来临了。报纸或杂志报道中，也常会看到一些两性报道，指出女生不论是学习或工作，平均表现早就已经超过同龄的男生。也就是说，干练的女人会愈来愈多，社会地位也愈来愈重要。

女人出头，客观来讲当然是一件好事，但身为女人的感情顾问，我还是要提醒所有的女性朋友（尤其是一些女强人），**女人绝对可以在工作上展现自己的魄力，不过千万别把强势带回家。要是一个男人在你面前无限膨胀，就算你看穿了他是在虚张声势，也不要急着戳破他。**

请记得学习好命女的思考模式：他的内心，其实正处在脆弱和不安中，只有你的认同，能够抚平他的情绪，让他可以安心地在你面前表现柔软的一面。这样想，你还忍心为他贴上“大男人主义”的标签，然后就像打蚊子一样，直接一巴掌把他拍死吗?

Part 2 好命女绝不会做的傻事

12 吵架时，把他和郭台铭、梁朝伟做比较

俗话说：“人比人，气死人。”可见老祖宗早就看穿人类“爱比”的劣根性，想劝我们心宽路就宽。可惜这句至理名言，像千千万万的格言一样，每个人都说得出来，却不一定做得到。

有天下午，我在东区一家咖啡厅看资料，隔壁坐了一桌打扮时髦亮眼的少妇，你一言我一语讲得好不热闹。我竖起耳朵偷听，果然不出我所料，话题完全绕着男人打转。

“你们别看我老公在公司威风八面的，总经理也敬他三分。可是回到家呢，唉！连自己的内衣裤都找不到，简直像多养了一个儿子。”

“我男朋友还不是一样。什么总监！在家什么都不做，比猫还没用！”

“对，对！我就常讲我老公，年年加薪又怎样？每天加班加到那么晚，也不管家里的事。过年过节，都是我去

张罗他爸妈的红包……”

我很好奇，她们的另一半听到这些话会作何感想。要是早个十几年，我会觉得这种女人是吃饱了撑着，日子太好过了嘴巴就犯贱。明明属于金字塔顶端的“贵妇”，却一嘴的苦命经，好像另一半做死活该，又害她们操劳过度，真是得了便宜还卖乖。

但现在的我很清楚，这就是她们炫耀的方式，把自己讲得好像很歹命的样子，事实上，她们可得意得很！老公能干，还把家里的大权交给她们，简直像是比赛谁最贤慧又得老公疼，当然要讲出来让姊妹淘羡慕到吐血。

问题是，很多笨女人真的会因此“中招”，听进那些高来高去的炫耀之辞，认为同样在家任劳任怨，为什么姊妹淘的老公好像总是赚得比较多，也比较疼老婆？然后当她们喝完茶回家，男人就倒霉了，立刻变成菜市场里宰好的猪肉，被翻过来捡过去地跟别的猪肉比较。一吵起架来，更变成那块最瘦、最硬、最多筋，丢在地上只怕连狗也不要的剩肉。

我有个朋友，老公是一间科技公司的高阶主管，长得一表人才，年收入也破百万，还每年配股，让她可以舒服地在家相夫教子，不知让多少女人眼红。偏偏她闲着没事干，爱拿老公跟别的男人比较，而且专门“向上看齐”，扯出一堆大老板、董事长，用他们的外在表现“鞭策”自己的老公。

一次两人因为老公加班太晚的事情而吵架，我朋友又开始犯浑，碎碎念数落老公有多“无能”：“郭台铭有像你这样瞎忙吗？看他一年出国度假几次！你呢？赚得没人家多，上班时间比别人长，你这主管是怎么当的？”

“李太太说她老公每次从大陆回来，就急着找她交货，人家在大陆有五间工厂耶！你怎么都会推说很累？是不行了喔，还是在外面把货交完了？”

不用我说，你也知道我朋友是急着往滚热的油锅里跳。她老公累了整天，又听到那些尖牙利嘴的指控，也顾不得什么君子风度，扯着她的头发就把她揍了一顿，然后气冲冲地把行李收一收，跑到公司去睡。

三天后，朋友在信箱里发现老公寄给她的离婚协议书，房子和小孩的监护权他都不要了，只求摆脱她那张带衰的贱嘴。扯的是我那朋友不甘心，拿着验伤单到法院诉请离婚，要他另付赡养费和损害赔偿，但她老公又不肯，认为自己才是长期受到精神虐待的一方。两个高级知识分子就这样缠讼不休，至今已经一年多了，还在浪费有限的青春和金钱打离婚官司。

说真的，她落到这个下场，只能怪她自己。什么东西不能拿来吵？她偏偏选中了“事业”和“性能力”这两个万般碰不得的话题来说嘴，还牵拖到别的男人，根本是拿老公的自尊拿去喂狗。

记得电影《色戒》上映时，我另外一个朋友夸口说，她一看完就忙着和男友讨论梁朝伟的“成就”，害我差点当场吓出心脏病。

“不是啦！我是对他说，他比梁朝伟厉害多了，梁朝伟跟他没得比。”朋友捂着嘴窃笑。

我悬在半空的一颗心又放下了，忍不住问她：“事实上呢？”

“哎呦！电影嘛！编剧爱怎么夸张都可以，所以管他呢！”朋友继续微笑，“这样说让他很开心，表现也更努力了，不就够了吗？”

我真的想颁发奖状给这位朋友。同样抬出“郭台铭”或“梁朝伟”，笨女人只会选在吵架的时候用他们火上加油，让男人抬不起头来。聪明的好命女却不同，吵架时绝口不提，反而会在平时踩一踩这些标准的“理想男人”，以达到撒娇的目的，哄哄老公或男友，增添他们的自信。

爱比较是人的天性，女人当然希望自己的另一半比别的男人优秀，而男人当然不希望被别的男人比下去，尤其当这些贬低的话语是出于自己心爱的女人口中，多说几次，保证会把他们的信心碾碎。男人没了信心，你又怎么期待他保有一对强壮可靠的肩膀？

下一次，**当你忙着和姊妹淘炫耀或比较另一半，请记得把你听到的东西留在咖啡厅，千万不要带回家，甚至还拿来当吵架时攻击另一半的素材。**不然，万一有天他决定抛下你，去寻找他心目中的“林志玲”或“刘嘉玲”，可别哭天喊地，说另一半不求上进也没有良心。只会作贱另一半的女人，一点都不值得同情。

13 吵架时，拼命说“那你想怎么样？”

和另一半吵架的经验人人有，但不是人人都“吵得好”。有很多头脑装糨糊的白目女，连自己想要什么都不知道，纯粹是为了发泄不满，而找另一半吵架。

她们都说得很好听——企图沟通，吵到最后却成了争输赢，然后愈来愈不理性，不是到处牵拖作人身攻击，就是狂戳对方的死穴，让小小的口角，变成需要打出飞弹大炮，互相轰炸的世界大战。说真的，不会吵就不要吵，不然被炸死了也是活该。

有一晚我正准备睡觉的时候，一个女性朋友打电话来，劈头就哭诉她老公要跟她离婚。“怎么会扯到离婚去呢？”我觉得很奇怪，她和老公虽然没有恩爱到肉麻的地步，但比起某些照三餐吵的夫妻，问题已经算少的了，不知道有什么非离婚不可的理由。

“我不知道啊，跟他为了小事吵一吵，他就说‘要不然我们离婚好了’。”朋友在电话的另一端，哭得死去活来，“他是不是不爱我了？还是有别的女人？”

一般来说，夫妻或情侣吵架时，会拿分手当气话的，多半是女人，会让男人“离婚”二字脱口而出，通常是他被逼到狗急跳墙。我问朋友：“是不是你说了什么话刺激到他？”

朋友哭得更大声了：“哪里有什么话？跟他有理说不清，我只是问他到底想怎么样，他就开始跟我大小声，最后还提离婚，你说他是不是神经病？”

说真的，要不是朋友哭到连话都讲不清楚了，我实在想大笑三声，然后挂掉电话，钻进柔软的被窝睡觉去。她老公不是神经病，更不是不爱她，只不过被她踩到了神经线，一时抓狂到极点而已。

这句“你到底想怎么样？”正是吵架时的死穴之一。据我所知，大部分的女人说出这句话时，真正的意思是：“我想听你的意见，拜托不要继续不讲话，或者顾左右而言他了。”

不幸的是，只要加上吵架时的火药味和女人充满压迫感的肢体动作，10个男人里面，有9.99个会把这句话听成：“变成这样都是你的错，还不快点认错！”

我常对女性朋友说，**每个男人的内心，都住着长不大的小男孩，愈是让他觉得你在逼他，他愈会抵死不从，反而还说出一些让你吐血的气话。**如果你够细心，就会发现那些调皮捣蛋的小孩，向来是吃软不吃硬的，想要对付他们，只能“利诱”，绝对不能“威逼”。这道理，套用在男人身上也一样。

聪明的好命女会借由技巧性的吵架，了解另一半心里在想什么，顺便提出自己的想法，做有效沟通。她们不会说“那你想怎么样？”而是直接询问“如果你的希望是这样，那我们试试看，好不好？”让男人觉得你就事论事，也不打算逼他，可以减少许多误会。

我自己也曾经是“那你想怎么样？”的受害者。还是学生的时候，我交往过一个女朋友，全身上下没有一个理性的细胞，每次有争执，吵到最后她就会像鬼打墙一样，不断问我“那你想怎么样？”

有次心情不好，又被她那句话戳到，我一时口快（现在当然非常后悔）回她一句：“我想……你去跳淡水河，怎么样？”这下可惨了！她当场对我又捶又踢又打，骂我狼心狗肺，根本不是人。和我分手后，还帮我广为宣传，说我是一个不懂得怜香惜玉，讲话尖酸刻薄的贱嘴男人，害我那一阵子在学校的名声很臭，女生们看到我，好像看到垃圾渣一样。

我承认自己说话很毒，但绝对没有咒人去死的癖好，实在是被惹到忍无可忍，才一时失言伤害了她。

事后想想，她可能想用“那你想怎么样？”当引子，希望我可以趁机说些甜言蜜语，让两人都有台阶下，并没有别的意思。但听在当时的我耳里，可不是这么一回事，我认为她在挑衅，暗示我没有处理事情的能力，一时气愤，悲剧就这么造成了。

另外，男人多半是直线前进的单细胞生物，哪里能够说转就转？要我们上一秒还跟另一半争个你死我活，下一秒就把她搂进怀里好言安慰，或热情拥吻，根本是天方夜谭。如果你期待像爱情电影般的剧情在自己身上发生，很抱歉，你还是继续做梦吧！因为男人就是这么幼稚又不知变通的动物。

在此我真的要奉劝各位女性朋友，吵架时就算是男人理亏，也绝对不要拼命逼迫他们，用连珠炮一样的言语攻击，把他们赶到死胡同里。

以我自己和朋友的惨痛经验为例，男人一旦狗急跳墙，什么难听的话都说得出来，严重一点的，还可能直接给你两拳！即使后来我们都知道自己做得不对，当下却很难控制那个“不爽”的反应。

同样是吵架，有些女人愈“吵”愈好命，和老公感情愈来愈好；也有些女人，随便一吵，就把自己的幸福吵掉，然后开始抱怨自己遇人不淑，交往的男人都心胸狭窄、经不起别人讲……也不想想自己猛踩对方的神经线，把人逼到抓狂。若只是一时糊涂还能够被原谅，但连问题出在自己身上都不晓得，未免太愚蠢了。这种女人会一辈子歹命，一点也不稀奇。

14 吵架时，把5000年前的饭一再重炒

女人的记性多半比男人好，如果使用得当，这是一个非常有优势的特质。因为所有细心可爱的女人，就是靠着三分好记性，加上七分贴心，培养出谨慎、周到的处世风格。

可惜许多女性同胞，平时的确很“细心”，但伴随的不是贴心，往往是要命的记仇和小心眼，令人——尤其是男人——恨得牙痒痒的。

只要一吵架，她们那有如万能数据库的大脑就开始以光速运作，把打从盘古开天辟地以来所有鸡毛蒜皮的旧账全部翻出来，非要用这些“冷饭”将男人斗臭斗垮不可。

年轻时，我曾经住过一栋旧公寓，隔音很差，哪一户街坊邻居在家打麻将、打小孩、打架，都听得一清二楚。那时住在我隔壁的一对夫妻，三天两头吵也就算了，最恼人的是，那个太太完全像一台跳针的报废唱片机，每次吵一吵就偏离主题，把同样的话题搬出来一次：小至先生的

生活习惯不好，鞋袜内衣乱丢，又从来不帮她做家事，大至当初房子是她娘家贴钱买的，先生都40多岁了还在当基层员工……

老实说，我才搬去一个月，已经把他们家的状况背得滚瓜烂熟，三个月以后，更是有种冲动想去敲门，求她行行好，换一套台词！

搬走以后，我还会下意识地留意一下社会新闻，要是哪天那个先生忍不住拿菜刀砍她，我可一点都不意外。换作是当年的我，早就抓那个小气女人的头去撞墙，看看能不能让她的数据库死机。

姑且不提她的大嗓门，掀出了多少老公的疮疤（光是这点，就足够让很多男人抓狂打老婆），重点是一而再再而三地重提旧事，一点建设性也没有，纯粹为了宣泄自己的不满，或者硬要抓出一些“案例”，证明自己有多“艰苦”，而千错万错，都是老公错。

我一个朋友，也遇过这种爱炒冷饭的歹命女，他说每次闹到最后，已经不记得两个人到底为什么而吵，他只想找个山洞躲起来。但是躲到天涯海角也没用，她一定会去把他揪出来，然后一哭二闹，说他根本不在乎她，然后又翻出种种以往的实例，证明他一点也不爱她。

“800年前的事情，做都做了，该道歉也道歉了，她还没事就拿来讲，如果不爱，会在一起三年哦？”被歹命女抛弃后，我朋友恨恨地说。

那时我拍拍他的肩膀以示安慰，要不是他心有不甘，真想好好恭喜他。歹命女跑了，是他的福气，如果不幸把这种女人娶回家，那才“带衰”（倒霉），保证过不了几年，就会被逼到住进精神病院。

有个读心理学的朋友，跟我分享这种情形，她说，当一个人喜欢咬着过去的事不放，往往代表他没有安全感，缺乏面对当下或未来的能力。如果是身心健全的人，一定只针对眼前的问题去思考、解决，他们会把过去的状况当作参考，但不会混淆过去和现在。

简单来说，好命女是不翻旧账、不炒冷饭的，因为所有正常的男人，都希望自己的另一半身心健全，至少，不要是个钻牛角尖、斤斤计较的疯婆子。

我就很钦佩一个小学同学。当初她不顾家人反对，嫁给现在的老公，小孩才满周岁，老公就因为生意失败而酗酒，几乎每晚都跑酒家，喝得醉醺醺的，有一次酒后还出手打了她。

当时她的家人极力劝她离婚（那个时代，她娘家算是非常开明），但她没有走，她相信，老公只是一时失意，所以愿意再给他一次机会。经过她温柔的照顾和沟通，半年后，老公在她的帮助下努力把酒戒了，夫妻俩又到处奔走筹钱，重新培养人脉，终于开始了新的生意。

同学会的时候，她一定带老公来参加，而且总会事先一一打电话，慎重叮咛我们这些损友：“千万不要拿喝酒的事情亏他，他要喝就让他喝，他自己知道分寸。”让一帮成天被太太翻旧账的大男人，几乎感动得痛哭流涕、捶胸顿足，后悔怎么没娶到像她这么宽容大方的好老婆。

她老公的公司不大，每年获利不算多，却也有好几百万。她现在能过着舒舒服服的老板娘日子，靠的可不是翻旧账和炒冷饭的功力。

你不需要无限上纲地去容忍男人，但是，千万不要做一个心胸狭窄又爱记仇的小气女。过去的旧账，尤其是被男人视为人生污点的部分，你没有办法改变它们，没事就细数一遍，只会慢性谋杀彼此的关系，不如让它们“入土为安”。

女人生来的好记性，是一把两面的刀，如果加上贴心和柔情就能帮夫。但要是用来记仇和计较，猛扯另一半的后腿，只会让两人一起滚到水沟里，别说幸福快乐，没有被揍一顿，已经很不错了。想要变好命的你，还会继续炫耀自己的记性有多好，随时能挖出5000年前的冷饭重炒吗?

15 把他的“兄弟”当成人渣或垃圾

“你们男人呀！就是有异性没人性，只要精虫冲脑就什么都不管了，重色轻友！”

我有几个女性朋友，讲到男女的不同处时，常会动不动就丢来一顶大帽子，还伴随着鄙弃的眼神，好像暗示我代表所有的男性同胞鞠躬致歉。

说真的，我承认男人精虫冲脑的时候，大脑里真的就只有精虫而已，尤其是用下半身代替大脑思考的年轻男性。但讲到重色轻友，女人可比男人严重多了，大部分的女人对“二人世界”有种不容被侵犯的神圣信仰，谈起感情来，往往连姊妹淘的死活也不管。

最惨的是，有些女人甚至要求另一半做出同等的“付出”，别说另一个女人，连男人的朋友、好哥儿们，都被当成感情路上的过街老鼠，非要赶尽杀绝不可，没人性的程度，比人肉叉烧包还恐怖。

像我一个多年的好哥儿们，就是这种“眼里容不下一粒沙”哲学的惨痛牺牲者。他年轻的时候很重感情，也很讲义气，结果刚当完兵没多久，他认识了一个大学毕业的女生，两人闪电结婚，从此陷入“重色轻友”的地狱里。

去吃他的喜酒时，那位外表美丽优雅的大嫂，穿着华丽的礼服，却配上一张臭脸。人家跟她说恭喜，她顶多僵硬地牵动嘴角，挤出有如便秘好几天的勉强笑脸。从头到尾只见我朋友一头热，独自招呼客人，她大姊默默躲在后面，别说像个女主人，连个新娘子的喜气模样都没有。

后来有人开始起哄，找我朋友又划酒拳又灌酒的，她那张脸更是臭得像一缸化粪池，还拉着她老公嘀咕了一句：“你朋友怎么这样啊？真没水平！”现场热络的气氛瞬间降到冰点以下。那天要不是新人最大，只怕有好几个牛脾气的老同学（包括我）当场拍桌子走人。

事后朋友拼命为他老婆讲好话，说她其实是一个相当温柔体贴、顾家的女人，唯一的缺点就是怕生，很重视“二人世界”。自从订婚后，连自己的朋友都很少往来，一心只想经营属于两人的小家庭。

爱老公没什么不对，问题是，她爱错了方法，所以行为表现就太过了。听说她不只针对我们这些典型的“猪朋狗友”，连对他公司的上司、同事，甚至亲戚，也从不给好脸色，好像世界上所有的人，都是来破坏她和老公幸福生活的“局外人”，比人渣或垃圾还不如。

家里有这么一尊自私女，真的比被冤亲债主跟着还惨！同学们只要想到他老婆的臭脸就怕，更没有人敢提议要去他家拜访。偏偏他是做业务的，免不了社交应酬，后来常听说那“深爱着老公”的大嫂，三天两头哭闹着“老公重视无聊的外人多过她”。

唉！那些“无聊或没水平的外人”中，不知有多少会是她老公的贵人！却都被她一脚踢开了。

于是我朋友的事业运和人脉，多年来一直难以拓展。好客又重朋友的他，连同学会也不敢参加，工作高不成低不就，只能在公司和家庭中无聊地飘来飘去，过着如同行尸走肉的生活。有次跟他通电话，他忍不住激动地哽咽起来，问我他这辈子是不是已经完了。

一个聪明的女人，绝不会把老公或男友身边的朋友当作牛鬼蛇神，尤其是那些情同兄弟的多年老友，往往会在男人最低潮的时候，顺手拉他们一把，平常最能毫无心机、慷慨分享“好康”（好的东西或事情）的，也是这群兄弟。

另一个朋友显然就好命多了，一样是早婚，当年难免被一些单身的猪哥朋友拖出去喝酒。有次还玩过了头，续摊续到酒店去，当我们摇摇晃晃地送他回家时，他老婆不但没有破口大骂，还泡了茶让我们在客厅休息，最后帮我们叫出租车。从此，我们都不好意思再陷害他，拉他去酒店，万一出了什么事让这位大嫂伤心，可是会天打雷劈的。

如果换成之前那个张牙舞爪、很计较自己地盘的臭脸女，以我们那时候年轻气盛的个性，才不会那么有良心，反正气死她也不用偿命。

你当然不必刻意去讨好男人的朋友，但万万不可把他的朋友都赶走。有些白目女巴不得另一半身边没有半个外人，可是请想想，所有正常的男人都有“兄弟”，一个人完全没有知己好友（女性和同志朋友不算），多半有性格上的缺陷，就算两人相处如胶似漆，恐怕也不是能为你带来好命的男人。

有人说，女人就算结了婚也需要朋友，其实男人也一样。**贴心的女人懂得将心比心，帮另一半顾好所有的人脉，以诚恳的态度尊重他人，自然可以得到相对的尊重，另一半也会感激这份体贴。**只有自私、小气、幼稚的歹命女，才会把另一半的好友和人脉踹得远远的，毁掉男人的社交网络，也把自己的好命拒于千里之外。

16 把他的“嗜好”当成罪恶

意大利有句俗语说：“男人一辈子一定要有四样东西：车子、鞋子、房子、西装。”这是说这四样东西建立起意大利男人的自信和尊严，有了这四样东西才能称得上是男人。

事实上，每个男人心中都有自己的一套标准，有些男人热爱改车，将车当作自己的情人小心呵护；有些则是热爱运动，一天不流一升的汗水，就好像那天没有真正地活过。

有些歹命女却对男人的价值观不以为然，一心就想改造男人，把男人的嗜好当成十恶不赦的大罪，或是觉得那些嗜好跟垃圾一样，光看到就想立刻拿起扫帚清出男人的大脑。

比方我以前有个客户，不抽烟、不喝酒，每天过着公务员一样朝九晚五的正常生活，唯一的嗜好就是在假日的时候，找几个朋友打打卫生麻将，而且每次也不会超过四个小时，不像有些人一打就是三四十个小时。

不过他老婆是个很夸张的自私女，每次看他和朋友打麻将，就站在一旁诅咒他会赌掉家产，是个下流没水平的赌徒，将来不会有好下场，搞得老公在朋友面前很难堪，朋友们也不敢再到他家打牌。于是，老公就改成假日开着车跑到外县市朋友家去打牌，免得老婆追到朋友家来上演武松打虎的戏码。

结果，有一次因为打得比较晚，老婆夺命追魂扣的电话一通接着一通来，威胁他："你如果没在12点前回到家，你以后都不用回来了！"

我朋友只好开着车一路狂飙回台北，没想到因为疲劳驾驶，就在高速公路上出了车祸。

她老婆赶到医院的时候，在急诊室看到他，一句"你现在要不要紧？"都没有，反而是拉起嗓门发动狮吼功，对着整个急诊室的人大骂："你们看看这种老公，打麻将打到腿都断了。你怎么不干脆死了算了，我还能领你的保险金！"

我朋友一听，别说当场想拖着断腿逃走，整颗心都死了。之后没多久，两人就办了离婚手续，而他老婆事后还四处跟亲朋好友诉说自己有多可怜，老公竟然为了麻将抛弃她，实在有够丢脸。

事实上，他老公只是放假时摸几圈，大家高兴一下，打完就回去了，并不是赌博赌到倾家荡产，把老婆都抓去卖掉。

真正导致她们婚姻破裂的原因，是我朋友完全无法从老婆那里感受到一点点的爱。当他出了事正需要人照顾的时候，他老婆竟然还当着大家的面诅咒他去死。这句话一出口，他再也无法想象未来的日子要怎么和这样的人相处下去。

爱情就像是一只蟠龙花瓶，如果花瓶上有一点点的突起，你看着不舒服想把它打磨平整，用心无疑是好的，但多数看到的却是这样一种结局：小瑕疵没有磨平，花瓶就先碎了。

说实在的，只要不违法或危害自己和家人，任何嗜好都应鼓励，让男人有放松的空间。下棋、打麻将、浮潜都好，千万别因为你不喜欢，就禁绝他的快乐。当男人连一点放松的空间都没有时，他绝对会整个人都被压力给击垮。

有些歹命女会自以为高尚，硬帮男人找些她觉得上流的休闲，什么打高尔夫球、逛美术馆，就是想办法把男人“教养”成上流社会的一员。没事还要买些《型男养成术》之类的书给男人看，就怕他走在她身边看起来像个没水平的台客，一点也不关心男人真正的喜好是什么。

这种歹命女根本就不爱另一半，不考虑男人真正的需求是什么，只是在增加男人的压力而已。

在爱情中最重要的一点其实是“将心比心”，如果一个男人要求你不要化妆、打扮，不要逛街、“瞎拼”；你喜欢听蔡依林，他偏偏规定你只能听帕瓦罗蒂；你喜欢唱

KTV，他却强迫你去逛艺廊……试想想看，这样你会不会被逼得想把对方碎尸万断？

爱情应该给予彼此一个自在的空间，像是两个部分重叠的圆，有共同性，也有不同的地方，彼此互相尊重。

好命女就不会把男人当狗一样管得死死的，还在脖子上套个项圈。比方我认识的一个好命女，就曾经对我说过："我这个星期只和老公见一次面，而且还是在香港机场转机时，两人匆匆喝杯咖啡，分享这个星期的生活琐事。"

很多人问过这个好命女，你和老公见面的时间那么少，老公平常下了班又有自己的嗜好，你不会觉得很孤单吗？

她却回答说："他有他自己的嗜好，但是我也有我自己的生活，我们都给彼此很大的空间，唯一的共同点就是我们都深深地关心另一半，都希望彼此能过得快乐。"

歹命女会想把男人管得死死的，不给他任何投身自己喜好的活动空间，说穿了就是她的日子过得太无聊，根本没有自己的生活重心，所以才把重心都放在男人身上，把男人当作自己的模拟市民来操弄。

遇到这种歹命女，我都会跟她们说："找点自己的事情来做吧！"

就像心灵大师奥修所说的：**"婚姻是一个很大的教导，教导我们学习'依赖并不是爱'，依赖意谓着冲突、愤怒、恨、嫉妒、占有和控制。"**

男人的嗜好并不是你感情的敌人，真正的敌人在于你想要占有、控制男人。那会使你的男人愈发远离你，让你变成歹命女。

17 把他的“累”当成不在乎你

台湾有某个提神饮料的广告台词：“男人，你累了吗？”男主角化身千手佛，炒菜、洗碗、抱小孩，还要帮老婆捶背，最后终于累瘫了，倒下去。幸亏有提神饮料相助，才让他重新像一条活龙。广告拍得逗趣又笑闹，会让人看了哈哈大笑十秒钟，不过我相信不少男人笑完后，内心都要苦闷十分钟。

很多男人就像广告里的男主角一样，上班拼得跟驴子一样，下了班还要做牛做马地服侍老婆，让老婆享有女王一样高规格的待遇。说真的，男人常常都在外头高唱：“男人真命苦，娶老婆真衰肖（倒霉）。”

很多歹命女只要老公稍微忽略了她，也不去搞清楚老公为什么会这样，就把自己当成苦情八点档乡土剧女主角，一把鼻涕一摊口水地哭诉老公变心了，不在乎她了。

我有个小老弟从事新闻工作，不久前才刚升官，但是那阵子反而看他愁容满面，完全没有升官的得意模样。

一问，原来是他意外看到他女朋友在某个论坛上发言：“男友最近升官了，比以前忙很多，结果变得很少和我说话，也不太有时间陪我，连我生病、失业，他都没怎么理我，我真的很希望他能不要那么执著在工作和论文上。”

这段发言引起了一片讨伐声，一堆陌生网友拼命煽动他女朋友：“忙碌是骗人的啦！干脆休了这男友。”还骂他是畜生、贱男人，升了官、有了钱就把女友丢在一旁自生自灭，简直就是现代陈世美。

一连串长达数页的尖酸刻薄批评，看得这小老弟心都淌血了，除了觉得自己成了箭靶很冤枉，真正的原因在于他自认为自己仍然相当关心女友，除了和过去一样每天三通电话，上班日的中午会抽空飞奔到女友家陪她一起吃饭，更不用说周末时间都全部交给女友。

他不懂究竟自己是哪里做得不好、做得不够，甚至仍然每天写信给女友，他唯一想得出来的是过去每天晚上可以讲上一个小时的电话，现在则缩短成半个小时，但是过去的工作量没那么大，这也算是不得已的改变啊！

看到他女友的发言时，他差点就要高唱“真心换绝情”，怎么自己努力地付出竟然换得这样的惨烈批评，以及女友的伤心。他很难过，不知道自己究竟要做到什么程度，才能真正让女友满意。

他很想告诉女友自己这么认真打拼，还不是为了及早实现两人结婚的计划，难道要跟老板说：“不好意思！我要找一个能随时请假陪伴女友的工作！”这样她才能满意吗？

歹命女总是一厢情愿地认为“女生本性如此”，就把自己无理的要求合理化，却没想过男人除了照顾、关心另一半，他也有自己的人生要过。

我就看过很多学生时代就在一起的班对，一进入社会后，恋情马上破裂，通常就是因为女方无法接受过去男友能随传随到，小心翼翼地呵护她，开始工作后，男友却往往因为工作而减少了和她相处的时间，然后她就开始乱想：“完蛋了！男友不在乎我了！”

说得现实一点，如果你能像台湾某个知名女主持人一样，一年赚进上千万，让她的小老公都不用为工作、金钱而烦恼，我保证男人一定能花上全部的时间来关怀你、呵护你，让你当起小公主。

不过，鱼与熊掌是不可能兼得的，没有那种既要男人好好干活养家，又要他当你的终极保镖，随侍在旁的事。

其实，根据我的观察，这种歹命女是因为对自己缺乏信心，而且和另一半没有共同的人生目标，所以才不懂得去体谅对方的累。当男人累了，歹命女不但不能减轻对方的压力，舒缓他的疲惫，连罐提神饮料也不会送上来，只会在一旁叫个不停，责怪男人不像过去一样爱她了。

感情绝对不可能是单向地付出，如果长期处于这种不平衡的状态，要不是男人被你糟蹋得肝硬化、过劳死，就是你获得的只会是表面的他。因为歹命女不想接受他那些负面的情绪和压力，不愿意帮助男人排解他的劳累，只想从男人身上获得自己想要的快乐。

只有歹命女才会自怨自艾地误以为男人跟她说“我好累！”是不愿对她付出的借口。与其在那边疑神疑鬼地乱猜，好命女选择主动来帮男人分担他的累，让他有精力能够为她付出。

生活是随时都在改变的，感情也会随着生活起起落落，男女双方必须随时调整相处的模式，歹命女往往都不懂这个道理，只会一味地要求对方要永远维持在初恋的状态，否则就把对方开除。

我只能说即使老天无眼，送这些女人一个好男人，最后这好男人也会被她们逼到发疯进精神病院，或是剃发为僧，从此不敢再踏入情海之中。

男人不是生来就该当女人的奴隶，也不是你愿意“下嫁”，男人就活该为你做到死。感情是相对的，应该保持着平衡的状态，如果你一心只想当个能使唤男人的女王，那我劝你多努力，去赚大钱，直接到牛郎店包养一个小白脸，这才有可能实现。

18 吵架时，把他的疮疤挖出来

我问过很多人一个问题：“情人间最怕的是什么？”有些人说是劈腿，有些人说是距离，还有些人说是家庭背景和金钱问题。但是我却认为前面提到的那些都只是次要的因素，最严重的是彼此间的信任感消失。

当情人间的信任感一消失，才会让前面提到的那些次要因素成为情人间的障碍。

最让男人痛苦而对另一半信任感全失的事情，就是将他的疮疤一再挖出来，甚至是在众人面前揭露。如果上班时被老板羞辱，当着全公司的面踹你一腿，再将你开除的痛苦指数有80，那么被亲密爱人挖疮疤的痛苦指数就高达180。

当男人浓情蜜意向你倾诉心事，说出他心底最深层的秘密，这表示他信任你，他才愿意让你知道他最脆弱的一面，但是如果他的疮疤被你挖出来当八卦讲，就让他有被出卖的感觉，以后再也不敢信任你，不敢再对你诉说心事，不愿意再和你太亲密。

我就曾经在一个朋友的聚会上，看到过这样的没品歹命女。当一堆朋友在闲聊小时候的糗事时，其中一个朋友的女朋友也兴冲冲地加入话题："你们知道他到高中还曾经尿床吗？"

这个朋友一听到这句话，当场给了他女朋友一巴掌，起身就走人，甚至连其他朋友想出去劝他，也只看到他铁青着一张脸，恐怕再多跟他说一句话就会被他碎尸万段。

他女朋友在大家面前哭得稀里哗啦的，一堆人去安慰她，说这男人实在太不应该，心眼小、没度量、开不起玩笑，而且再怎么样也不应该打女人。不过，我们几个知道内情的人，都对他女朋友的玩笑话相当不以为然，因为，他高中时妈妈惨遭强盗杀害，第一个发现尸体的人就是他。

于是，这个恐怖的阴影一直跟着他，让他好一阵子都无法正常上学，甚至会做噩梦做到了尿床的地步。这恐怖的回忆对我朋友来说，是多么无法面对伤痛的过去，想必在跟女朋友告白的时候，是鼓起了相当的勇气，而她却这样轻易地把这件事当成笑话说了出来。

说实在的，只给了她一巴掌，我倒觉得便宜了这歹命女。

也有不少女人，只要一吵架，就把800年前男人做错的事再拿出来鞭尸，让男人痛不欲生，恨不得当场就跳楼自杀算了。

我有个朋友在年轻的时候，曾经短暂地外遇过，对象是他的同事，当时两个人闹得轰轰烈烈的，老婆一知道这件事就杀到公司去，抓着外遇对象的头发直冲经理办公室，当场要经理给她一个交代。

结果，两个人都因为这件事而离职，而我朋友也从此没再和对方联络过，之后更是彻底地痛悟，承认自己的错误并全心全意地照顾老婆。只不过，当他们经历这事件后，两人都同意要回归正常生活，而真正做到的，却只有我朋友一个人。

每当两人起了点芝麻绿豆大的争执，他老婆就会说："对啦！你根本就没有真心爱过我，你就出去找别人好了！"或是"对啦！你只会嫌我，我就不信你会用这种语气对她"。刚开始，我朋友很痛苦，后悔自己对老婆造成了心理阴影，一再地安抚老婆，希望能彻底地让老婆相信他已经回头了，也希望她不要再提这件事。

然而一切的努力，似乎都起不了作用，伤害已经造成了，似乎老婆内心的缺口只是愈来愈大。就连他开开心心地带老婆出国度假，她也会没来由地酸一句："谁知道你真正想一起度假的人是不是我？"

最后，我朋友跟他老婆说："多年来我一直想好好地爱你，但是你却一再地提醒我做错了什么事，这让我不知道自己为什么要回头，为什么要继续让两个人都受伤害。"

20年过去了，歹命老婆仍旧在翻旧账，不能好好地往前看，让彼此都能真正获得幸福，我朋友最后也只好选择放手。

有个好命女就跟我说过："**如果你选择原谅一个男人，就要彻底地原谅，一次都不要再提他过去的错。**否则，只是让男人更无法回头，因为没有人能够一直面对自己的错误来过新生活。"

吵架时，本来就不会有什么好话，但是要是在这种时候还把对方最不堪的疮疤拿出来说事，就会让男人无地自容，最后宁可选择放弃你。

如果想要好命，就不要让男人在台面上对你抱持着"赎罪"的想法，而是要让男人真正地能够对你有信任感，让他在你面前什么都不用掩饰。

19 吵架时，连他的祖宗八代都骂

有次参加朋友聚会，听到几个适婚年龄的女人在聊天，主题是什么样的男人不能嫁。她们一致认同凡事要妈妈同意的男人，肩膀最不可靠，嫁过去肯定会倒霉一辈子。

这时候有一个女人力排众议，下了结论："要嫁就嫁给有钱的孤儿。"

我一开始听到这个话题，自然插不上什么嘴，不过听到这个结论一出来，别说是插不上嘴，当场都想拿刀子往她们头上插下去了，这群女人简直就是人面兽心，妆化得再美也叫人恶心。

其实，真正的好命女都知道好男人都是孝子，因为这样的男人才会关心家庭，有责任感。相对的，好命女也会把男人的家人当作自己的家人一样对待。要是你抱着"公公婆婆都很麻烦，最好没有他们的存在"来找男人，我看你这辈子还是准备等着下体生苔比较快。

有些白目的歹命女，一嫁过去就当自己是王母娘娘坐镇天后宫，天大地大都没她大，遇到争执、吵架不就事论事，而是火烧隔壁厝，牵拖一堆人，连他妈妈像妓女、爸爸像流氓都拿出来骂，就算是天下第一等的好男人也会翻脸。

基本上家人永远都是好男人的死穴，不管男人的父母做错了什么，把家产拿去卖掉，乱买股票全部亏光，或是高龄80的老父不顾家人反对娶个只有30岁的外籍新娘，他也不希望另一半去批评他们，更何况是在吵架情绪失控时把不相关的家人拖进来乱骂一通。

要是踩爆了男人的这个死穴，可不是一句“就只是气头上，说错话了”能轻易带过去的。男人把你娶进家门，自然是希望你能够真心地对待他的家人，不要让他难做人。可是偏偏就有些蠢女人，不把另一半的家人当自己人看待，甚至还对老公下最后通牒：“有你妈就没有我！”还天真地以为拎着行李出门的会是婆婆。

有个歹命女和男友交往时，就常跟男朋友说：“我不是很想去你家，你不觉得我们应该要有更多空间才对？”然后，都还没嫁进门，没事就爱说对方家人的闲话，什么“你姊好像脾气很不好，难怪到现在还住在家里嫁不出去”，或是“你妈煮东西怎么这么咸，一点健康概念都没有”、“你爸怎么这么早就退休了，叫他去找份管理员的工作也好啊！”

诸如此类的话，在他们交往过程中不断地冒出来，简直就像一条一条的绳索，把男友的脖子勒得愈来愈紧，直到有次歹命女和男友约会时，男友希望在路边摊随便吃一吃，简单解决晚餐再去看电影，她却坚持不吃肮脏的路边摊，一定要在有冷气的餐厅吃饭，免得因为太热让她的妆花了。

两人就这样吵了起来，吵到了最后，歹命女竟然口不择言地骂了男友的家人：“你们家就是都这么没水平，你妈上次送我的那条金项链也是，丑死了，一点品味也没有，我根本就不想收下。”

这句话一出来，别说是还要男友低声下气地哄她，男友脑子里的那条神经当场就绷断了，手一伸就往她头发扯了过去，把歹命女的头往电线杆上敲。最后两人打了好几年的伤害罪官司，总算结束了这段孽缘。

说句老实话，很多人都认为男人只要打女人就是不应该，不过却不想想要是遇到了这种可恶的下贱女人，只要是人都想动手，更不用说把好好的一个男人逼成了恐怖的攻击犯。

人都是有极限的，当人内心最害怕受伤的那条神经绷断时，就什么事都做得出来了。

反观我的另一个好命的女性朋友，还没和老公结婚时，没事就陪着未来的婆婆去庙里拜拜，进厨房帮忙煮饭，把全家人安排得服服帖帖的。老公的妹妹想留学，她立刻通过关系帮小姑办好了留学所需的手续。要是老公和家人吵架了，她还会去安抚老公的情绪，希望大家以和为贵。

只要脑袋没烧坏的男人，自然都希望能娶这样的好命女。

很多女人会说：“那又不是我的家人，要我怎么对他们好？”事实上，一旦你心里有了这个念头，往往吵起架来的时候，就容易口出恶言，伤害对方的家人。而这种话一出口，两人之间的感情从此就产生了裂痕，也会让男人觉得“原来你都是这样看待我的家人，平常不过都在装样子”，两人渐行渐远只是迟早的事而已。

想要男人疼爱你，给你好命，就绝对不能碰家人这一块地雷区，即使男人再怎么骂他的父母亲，好命女也绝对不会跟着骂。

20 把他的“钱”当成玩具钞票

前阵子有不少名人抢着当起了六月新娘，其中最受到人们瞩目的就属“郭曾恋”与“梁刘婚”了。

梁朝伟与刘嘉玲两人为了躲开狗仔队并拥有一个难以忘怀的婚礼，特地开拔到不丹举办婚宴，兴师动众地让亲友团搭着专机飞往一个只有台湾1/20大小的高山国家，整场世纪婚宴像是用钱砸出来的一样，让许多女人对这个夺走大众情人的女星又羡又妒。

反观台湾首富郭台铭的婚礼，却低调朴实得出人意料。婚宴在五星级饭店举办，却只开30桌，比起郭台铭的儿子结婚时还要少。菜单上不仅没有鱼翅，连一般路边流水席都有的龙虾也没上桌。

看到这些新闻的时候，其实我在思考的是，究竟这样一个出身乡下的小女孩，是怎么掳获台湾第一首富的心。毕竟以郭台铭的财力，要更年轻、更美丽的女人都有办法，但是他却选择了曾馨莹。

其中一个关键是，郭台铭曾经说过：“在她身上闻不到钱的味道。”尤其像郭台铭这么有钱的男人，他根本不怕女人花他的钱，但是他恐惧的是女人把他的钱当玩具钞票，只想要他的钱。

我曾经看过一份关于女人的问卷调查，要女人选出她们最讨厌男人的几种特质，而其中“小气”高居排行榜第三名。也就是说多数女人都希望男人能对她们大方，满足她们的物质需求。

然而，很多歹命女搞不懂的就是：男人为什么要对你大方?

有些女人把男人卖命工作，搞得肝都硬化了，腿都软了，还看作理所当然，把男人的血汗钱当作玩具钞票一样花，甚至在花钱的时候还会说：“反正他赚那么多，让我花这一点也不算什么吧。”好像这是男人欠她的一样。

男人在意的不是女人花钱的多少，而是女人怎么看待他的钱。

没有一个男人会愿意被当作冤大头或是凯子来削。他希望能带给你好的物质生活，但同时你也应该体谅男人的钱是怎么辛苦赚来的，要是把男人的钱当成玩具钞票，好像男人赚钱都不用花力气，只要拎个公文包出门，时间到就能拿些白花花的钞票回家，男人看在眼里，其实都是痛在心里啊!

我曾经看过某个远嫁到日本的女星说她当年在日本时，拿老公的养家费，还要低声下气地跟他道谢，这口气她实在是吞不下去。说实在点，你拿人家的钱，难道你还希望对方摆低姿态拜托你，感谢你愿意拿他的钱。这种女人就是得了严重的公主病，自以为是高高在上的公主，另一半应该主动向她进贡财物。

等到这些年轻貌美的女人年纪一到，姿色也不再如同从前一般，要是还不懂得好好珍惜男人，说真的，她究竟还有什么值得让男人付出的？也难怪最后会落得离婚收场，只能回台湾上节目挤挤乳沟，看看还有没有人愿意多看她一眼。

歹命女总以为金钱的多寡才是男人在意的点。有些歹命女处处为老公省吃俭用，不敢拿老公的一毛钱，老公送个结婚礼物，她臭骂老公一顿，说他乱花钱，还逼他立刻拿回去退还。最后老公却还是外遇了，她才来哭天抢地地说对方是负心汉，自己一切都是为了家庭，却落得悲惨被抛弃的下场。

不管是花钱，还是不花钱，好命女知道真正的关键是珍惜男人的心意，而不是把男人的努力当作理所当然。

因此，我有个好命的女性朋友虽然自己有在上班，但是家里所有的开销都是老公负责，甚至还会每个月再给她一些零用钱。我问她为什么她老公这么疼她，她就贼贼地笑说：“拜托，那是因为我也很疼我老公好吗！我们是互相体谅。”

她不像有些女人对男人抱持着“又要马儿好，又要马儿不吃草”的心态，要男人拿钱养家，说些“养家是男人的责任”，却又在面对家事的时候，拿出“男女平等”的说法，一点便宜也不让男人占，只会斤斤计较，却没有相互的体谅。

我这个朋友，她大方地跟老公拿零用钱，但是同时也让男人知道她很了解他工作的辛苦。只要老公一回到家，她就会让老公舒舒服服、轻轻松松，完全不需要烦恼家里的琐碎杂事。甚至每次当老公拿钱给她的时候，她都会以深情的眼光望着老公，上演琼瑶剧的感天动地收钱记，让老公深切地感受到她对他的感激。

我有个朋友就曾经跟我说过：“老子最爱把钱花在我爱的女人身上了！”或许这句话有些女人听了会觉得不舒服，不过他真正的意思是“我愿意付出一切在我爱的女人身上，看到她因为我的辛苦而快乐，是件很幸福的事”。

只有蠢死人不偿命的歹命女，才会把男人的钱当作玩具钞票一样，花得一点价值也没有，无法让男人感受到你对他的珍惜与用心。

想当好命女，就先从如何让男人把钱花在你身上却仍感到开心开始吧！

Part 3 女人要好命，就应该这样做

21 凡事先站在他的立场，为他着想

有读者问，怎么样才可以不和另一半吵架？

说真的，我活了几十年，还没见过哪对情侣或夫妻“完全没有争执”，反而是那种平时不太吵架的，一旦爆发出来，就严重到几乎出人命，或者直接闪电分手。

这并不代表谈恋爱，就一定要在吵吵闹闹中度过。热恋时，也许很多人认为“打是情骂是爱”，但要是愈打愈凶、愈骂愈狠，同样的戏码还每天上演，我就会怀疑这两个人是吃饱了撑着，或许应该去精神科挂个号。

吵架这回事，原理说起来很简单，就是两个人意见不合。在这个世界上，不可能有一个和你想法一模一样的人，所以和另一半发生争执是难免的，只能尽量去避免。

有时候我觉得很感慨，常听到身边某些女性朋友宣称，她们为了爱情或幸福的婚姻，什么事都做得出来，但还是一次又一次地跟自己所爱的男人发生冲突，甚至挨打、被劈腿，最后爱情梦破碎了，她们再到处哭诉自己“又”爱不对人。

唉！既然愿意为爱做任何事，为什么就不能为了自己和另一半行行好，做一件简单的事——“将心比心地为对方着想”呢？

我当然不是要你去当男人肚子里的蛔虫，一味地讨好男人，只为男人而活。事实上，如果任何男人对你提出这么自私又霸道的要求，我也会鼓励你赶快跟他分手，免得有一天被他卖了，他还会叫你跪在地上，帮他数钞票。

但那种像暴君恐龙的变态男毕竟是少数，**大部分的男人在爱情中，要的东西很简单，就是一个有“心”的女人：细心、贴心，也肯用心去观察他的需要。**不管说话或做事、面对他或者面对外人，都能先站在他的立场想一想。

只要你能做到这一点，就算他一开始有点迟钝，日子久了，也一定会感受到你的用心，疼你都来不及了，怎么还舍得跟你吵架？而你已经从他的角度去思考过了，即使不认同他的想法，至少可以体谅他的逻辑，也就不会用“吵架”这么激烈的手段去沟通。

相对的，一个不懂得为男人着想的女人，无论家世或背景再好、长得再美、身材再火辣，也像是讨债公司派来的一样，让男人倒尽胃口。

像我一个旧同事，曾经很有诚意地和一个空姐“以结婚为前提”交往，她也非常重视两个人的关系，每天至少会想办法打一通电话给他。

乍听之下是很甜蜜贴心，问题是，我同事根本没办法乖乖等电话，因为时差，她每次打电话的时间都不一样，才过了几个月，接电话就变成了他的噩梦。

有一天半夜他睡得正熟，她突然打过来问：“我好想你哦！你在做什么？”我同事早就睡得糊里糊涂，支支吾吾地应了几句，她就开始发飙：“你以为我无聊没事做哦？我只是怕你回家路上被车撞啦！不想接就算了！”

还有一次我们下午开会，她刚好又猛打电话来，扮演“温柔婉约”的未来贤内助，偏偏大老板那时正在说话，我同事只好直接把电话关机。听说她总共打了将近100通，把他的语音信箱都灌爆了，而且留言一通比一通难听，骂他一定有别的女人，她死也不要跟这种烂人结婚等等。

但等到我同事真的和她分手，她又去跟他的每一个亲友哭闹，说她为了婚后专心在家相夫教子，愿意牺牲自己的事业，都已经准备向公司提出辞呈了，他竟然狼心狗肺地抛弃她，像他这么没天良的男人，保证没有女人愿意嫁给他……害我同事后来只要听到电话响就精神衰弱，还得去看心理医生。

有机会的话，我实在很想对那个空姐说，在她学会为别人着想之前，请千万不要答应任何人的求婚，以免害人害己。

除了这种自私自利、不顾他人死活的讨债女，还有一种自作聪明的白目女，她们总觉得自己非常贴心，随时随地为另一半着想，但往往搞不清楚状况，反而可能会把男人害死。

几个月前，我一个好朋友心脏病发作住院，全身检查的结果，发现他不但胆固醇过高、高血压，还得了大肠癌。我们都觉得很奇怪，他不抽烟不喝酒，甚至很少外食，也没有相关的家族病史，怎么才40岁出头，身体就像一团生锈散掉的破铜烂铁一样?

后来才发现，是他那个“贴心”的老婆，为了“体贴”在外打拼的老公，几乎每天都煮一些大鱼大肉，没事还会弄个猪肝汤、龙虾血之类的补品给老公补身体。表面上是把老公养得白白胖胖，实际上却葬送了老公的健康。

还好我朋友脾气好，个性又善良，才没有怨恨他老婆。像这种自以为贴心的女人，只知道“要为男人着想”，想的时候却不够用心，没有站在他的立场，于是想了等于没想，做得多，错得更多。万一再来个“逼另一半感恩”的戏码，肯定更是歹戏拖棚，只怕电视剧八点档也受不了这么狗血的剧情。

如果说，不为对方着想的结果，就是有朝一日演变成感情关系中的恶性肿瘤，那么“吵架”就像是轻微的癌前病变。

要是你觉得自己和另一半吵个不停，很想停止这种争吵，最好对自己的内心做个“健康检查”，看看自己是不是能够发自内心，充满智慧地为对方着想。忽略小病兆，小心会演变成大毛病，让你的幸福和好命，愈来愈遥不可及。

22 在众人面前，必须顾及他的面子

我必须承认，男人一旦在“面子”的问题上钻起牛角尖来，不管是17岁或70岁，EQ全部都会退化成包尿布时的程度。虽然这的确有点幼稚，但只要是正常的男人，都情愿被砍头，也不能忍受面子被损，尤其是在一群人面前。让男人在众目睽睽下丢脸，比攻击男人的人格还严重。

尽管在大部分的两性书籍中，作者用尽了吃奶的力气和各种方法指出这一点（包括这本，一路写来也讲了不少相关的故事，别跟我说你没看出来），我还是常常遇到一些没大脑的白目女，有意无意把男人的面子当地板抹布，踩在脚底下直到烂掉为止。

我有个貌似名模林志玲的女性朋友，长得美又毫无心机，应该是很多男人的理想对象，但像我这么欣赏林志玲的男人，却从来不敢对她存有任何妄想。因为她实在傻过了头，不懂看人脸色，一个不小心，场面就会变得很难堪。

之前她和一位设计师交往的时候，我和他们吃过一次饭，感觉像目睹了男人最大的噩梦在我眼前发生。那位设计师先生虽然曾在国外拿过一些奖项，但听说因为思想太前卫，在业界的评价一直不高。

闲聊之中，我尽量避免谈到自己做过相关的生意，只大约提了一下市场的状况给他参考。没想到我们的傻大姐，竟然指着我的鼻子对男友说："他以前很厉害！随便一赚就是好几百万，你有问题可以尽量问他。"

我看见设计师先生一副恨不得丢下筷子走人的臭脸，当场冒出一身冷汗，连忙转移话题，建议他考虑出国发展。结果傻大姐又挖了个更大的坑给自己跳："没办法啦！家里都靠他在养，去年他爸爸糖尿病过世，妈妈又爱赌，妹妹还有点神经兮兮的，三天两头吵着要自杀……"

话还没讲完，她男友已经拿起一杯茶，往她脸上泼过去，在她忙着尖叫的时候怒气冲冲地走了。全餐厅的人都瞪着我们这桌，让我尴尬得想挖个地洞钻进去，而全身湿答答的傻大姐，还呆呆地问："我说错什么了吗？"

错？根本错得离谱！在她那美丽的脑壳底下，装的真是不折不扣的草包。先是暗示男友的工作能力比"另外一个男人"逊色（虽然在我的女性朋友眼里，我实在没有什么男性尊严），又把他家的私事全部挖出来，血淋淋地摊在外人面前。说真的，只被泼了一杯茶，没被泼硫酸，已经算她走狗屎运了。

和这种女人交往，甚至不幸结婚了，恐怕有几百打的脸皮都不够丢！当男人的面子被另一半剥得光溜溜的，就像没穿衣服一样，保证他连家里的大门都不想跨出去，那他还能做什么？当然是在家跟老婆吵架，甚至打老婆。这样的女人，又怎么可能会幸福呢？

另外，还有一种自以为聪明的女人，也是男人的面子杀手，只不过乍看之下很难察觉，要等到发生了重大的变故，她们才会露出真面目。

我以前在报社的一个女同事，本来她有个交往多年的男朋友，两人感情很稳定，也因为她在人前总是表现得极为贴心、处处以男友为尊，让男友非常感动，认定她就是自己的贤内助。

可是在结婚前夕，男生误信了朋友的花言巧语，把所有的积蓄拿去投资一间空头公司。她知道以后就要求取消婚礼，无论未婚夫怎么一把鼻涕一把眼泪，甚至还跪在地上磕头求她，她也铁了心要分手。

女同事在讲这个故事时，还一脸得意："我很给他面子哦！都没有跟亲友说过他被骗的事情。"我听了，差点想帮那个无辜的男人甩她两巴掌。结婚这么重要的人生大事，连帖子都已经发出去了，却说取消就取消，我想地球上应该没有哪个头脑清醒的男性，还会觉得这样"很有面子"。

如果说，傻大姐是个笨到极点的蠢女人，女同事就更是心里没有真情，只懂得用表面功夫骗人的"败家女"。

为什么说败家？因为**没有人能够永远一帆风顺，男人**

遇到事业或人生的危机时，可能会落得一无所有，唯一可以依赖的，就是另一半的温情和支持，以及剩下一点点的残破颜面。如果连身边的女人都不肯帮他把面子撑住，只想着自己断尾求生，那么男人很容易陷入绝望，再也没办法重新振作了。

如果仔细观察，你就会发现，大部分成功人士的另一半，都很懂得力挺老公，无论男人身陷什么样的丑闻风暴，就算认为老公做的事情不对，她们也不会在第一时间就吵着要切割，因此能让老公安心地处理外界声浪。

我并不是叫你不问是非，无论另一半杀人放火或者外遇不断，都一味替他掩饰。但好命的女人总是发自内心地为另一半着想，绝不会让男人在众人面前丢脸。记得，**对男人来说，面子比命重要，替他保住面子，你就像是他的救命菩萨一样，一生都能够让男人信赖与尊重。**

23 男人的胃舒服，他的脾气自然好

身为女人，你一定知道“想抓住男人的心，就先抓住他的胃”这句话。没听你母亲、朋友说过，也在某本驭夫宝典里看过。

可惜大部分的女人（包括一些两性专家），都像脑袋里灌铅，硬邦邦地按照字面的意思解读，以为女人只要能做一手好菜，就等于挂了“幸福保证书”，男人就会变成她家的贵宾狗，一辈子流着口水，在她脚边转来转去。

唉！幸福好命要是真有这么单纯，烹饪早就被列入义务教育的一部分，我也改行去写食谱算了。

女人善于做菜，当然有一定程度的加分。男人的本能，的确是追求“胃满足”和“性满足”，否认这点就太伪善了。但想搞定男人的胃，还是得先摸清男人的心。就好比一个女人的床上功夫再好，顶多算是性爱高手，不代表能让男人爱她一辈子。

我看过太多人云亦云的肤浅女人，总是在厨房里忙得七荤八素，把自己搞成黄脸婆，然后到处抱怨男人像猪，只会闷头吃饭，一点都不感激，或者味觉麻痹，不管做什么好吃的东西都没有反应，不如把菜包一包拿去祭祖。

我怀疑，这些女人是不是买了菜回家，顺手也把自己的大脑放进冰箱了。头脑不灵光，嘴巴又尖酸刻薄，难怪会一天到晚哭天喊地，唱衰男人也唱衰自己。

好命的女人知道，“心”才是爱与感动的发信器，胃才不会跟你说：“好多食物，我很满足，谢谢你。”因此，聪明的她们，做任何事情都以“贴心”为本，设身处地为对方着想，更不会因为自己有所付出，就急着邀功。

多年来不管我工作再忙，还是常会带瓶好酒，去拜访一位远亲叔叔。他家的冰箱里永远有两三道小菜，我才把酒倒好，婶婶就会端出下酒菜，感觉非常温馨惬意。

他们新婚时，其实婶婶连瓦斯炉都不太会用，后来才靠着看食谱慢慢学习，并虚心向她婆婆请教，把叔叔爱吃的菜全都学得青出于蓝。逢年过节，亲戚都乐意去叔叔家聚会，不一定每次都吃大餐，但因为婶婶的热情诚恳，总是宾主尽欢，让不善社交的叔叔大有面子。

他们结婚近40年，夫妻恩爱不提，也从没听过他家有什么婆媳、姑嫂问题。婚前个性火爆直率的叔叔，也因为娶了体贴贤慧的老婆，只要一下班回家就能缓和情绪，身材变得圆滚滚，脾气也愈来愈圆融。

但他们的女儿就没那么好命，我常说她不是把大脑丢进冰箱，而是扔到北极圈去了。

我那个堂妹长得很漂亮，可是一点温柔的细胞都没有，甚至非常白目。她看到父母感情好，就认为自己也可以靠着厨艺征服情海。

或许是老天的考验吧。堂妹竟然嫁给一个很会做菜的老公。她的烹饪功夫在婚后，完全派不上用场。如果堂妹在这时候踩刹车，思考婶婶手艺背后真正的心意所在，后续可能不会那么离谱。但她又蠢又倔，终于赔上自己的幸福。

堂妹的老公擅长做中国菜，她就搬出西菜跟他拼了，还像前第一家庭的媳妇，跑去学做法国菜。这样的日子过了大半年，她老公却愈来愈不快乐，脾气也愈来愈暴躁。原来他不爱吃肉，讨厌西红柿酱，更恨透加了巧克力的日式咖哩。暗示过几次，堂妹仍然我行我素，甚至嫌老公没品味。

有一天，她花了半个月的菜钱，只为做一顿“浪漫”的法式晚餐。菜才上桌，老公的脸色就跟用烂的菜瓜布一样难看，堂妹见状很不高兴，抱怨老公不识好歹，不体谅她去上课有多辛苦，花了多少钱缴学费。

她老公听了很火大，忍不住骂她：“你是不是头脑有问题？这样子做菜，又上无聊的课，我每个月要赚多少钱给你才够？”

堂妹不甘示弱，马上跟老公呛声，两人愈吵愈凶，最后大打出手，砸碎家里所有的碗盘，邻居报案闹上警察局，结果当然是离婚了。

你或许会问，她有那样一个体贴成熟的妈妈，怎么没有教她呢？问题是，有些事情妈妈不会告诉你，万一你不幸像我堂妹一样，是公主病的重症患者，她更不会明讲，直到残酷的现实和忍无可忍的另一半各自赏你几巴掌。

堂妹就是典型的自大白目女，花费不必要的菜钱，不为另一半的健康着想，又把自己的喜好硬套在别人身上。她的出发点不是爱，而是炫耀和比较，即使她厨艺好到可以出国比赛，还是会让另一半倒尽胃口。

我一直相信，世界上没有不会做菜的女人，只有不肯动手的懒女人和不肯用心的笨女人。就算家里请得起菲佣，你一样要知道丈夫的口味，也就是明白男人的心意，只要多用点心，就能像我的婶婶那样，让原本火爆的叔叔对她百依百顺。

要是你一味想去抓住男人的胃，却不懂得把体贴和温柔一并煮到食物里，恐怕到了最后，男人只会被你抓到胃出血，**幸福好命也就跟着男人的心，一起从你的指缝中溜走了。**

24 男人身上钱够用，才会有自信

常听到一些女性同胞主张“男人有钱就会作怪”，因此她们的驭夫之道不是“抓住男人的胃”，而是“抓住男人的荷包”。更离谱一点的，还没结婚就开始盘算，要怎么拿到男人的薪水袋、信用卡账单、资产明细……

我把这种女人称为“胡狼女”——就像我们常在Discovery频道里看到的非洲胡狼，天生只懂得投机取巧，眼里总是闪烁红色的贼光。老实说，被胡狼女缠上的男人，保证会被啃得连骨头都不剩，简直就是倒了八辈子霉！

虽然爱情和面包要并重，但一块柔软美味的面包，可不是凭空变出来的，也不是找上一个多金的小开，然后用尽诡计骗到他的存折就行了。最聪明的女人永远不会变成胡狼，而是靠自己的温柔贴心，慢慢揉出香味扑鼻，也属于自己的“面包”。

因为她们知道，男人又不是笨蛋，如果你还没获得他的信任，就忙着做五鬼搬运，想扒走他的财产，让他口袋空空，怎么不倒尽他的胃口呢？

最近一个女性朋友快结婚了，她的姊妹淘中就有不少资深胡狼女，聚会时七嘴八舌的，劝她婚后要想办法掌握老公的钱。没想到，准新娘竟然歪着头傻笑：“不用啊！他的钱已经都是我在管了。”

胡狼女们的神情，立刻充满了嫉妒和不可置信：“怎么可能？你未婚夫不是很精明能干吗？”

“不知道耶，可能因为我在银行上班吧！”她轻描淡写地说。

在银行上班是一回事，能得到男人的信任，又是另外一回事。事后我就问她，到底她这“面包”是怎么揉出来的。

“也没什么，其实管钱真的很琐碎，再精明的男人也会觉得麻烦。”她一说，我忍不住猛点头。

“但是无论怎么替他管钱，都不能让他有‘没钱用’的感觉。”

原来准新娘有个不愉快的童年。小时候妈妈酗酒，如果爸爸不给她钱买酒喝，她就从家人的钱包里偷，连小孩仅有的五块、十块也要拿，常害做女儿的到了学校，才发现没钱吃午饭，还得低声下气地跟同学或老师借。

有几次爸爸在外面应酬请客，结账时一翻皮夹，发现剩下的钱根本不够用（那时还不流行信用卡），虽然认识店家可以赊账，但以他一个做生意的大男人，却是把脸都丢光了。

后来爸爸发现老婆偷钱的事，一气之下，就把老婆赶出门。几年后听说她和一个开酒吧的男人同居，酒瘾之外又染上毒瘾，还不到40岁，就把身体搞坏了。

朋友含着眼泪说完故事，又补充一句："我很清楚那种突然没钱用的感觉，也知道女人千万不能随便拿走先生的钱。要用钱的时候，钱却不见了，对一个整天在外面跑的男人来说，打击很大。"

所以打从她和未婚夫同居，她就习惯每天上班前看一下他的皮夹，并不是检查他有没有随便乱花钱，而是万一皮夹里没钱了，她会留张纸条给他，提醒他要去领钱。

几个月以后，未婚夫干脆把提款卡交给她，如果他到外县市出差，她还会帮他多准备几张"小朋友"，以免突然有急用，又遇到不能刷卡的状况。

慢慢地，未婚夫连信用卡账单、股票、不动产，都乐得一并让她处理。她也很懂事，不会手握男人的财产，就成了家里的山大王，对男人呼来喝去的，或者随意"挪用公款"，拿去当作自己的"瞎拼"基金。

胡狼女呕心沥血也不一定做得到的事情，这位准新娘靠着单纯的贴心和善意，不费吹灰之力就办到了，我只能说老天有眼！

男人拼老命赚钱，其实出发点都很单纯，是为了给家人舒适的生活。对一个男人来说，能够自由地用钱，代表他的事业顺利，也有养家糊口的能力，能够在这两方面建立自信，他当然就会很慷慨，甚至对另一半言听计从。

要是被当成毛贼一样防备，或者钱都被另一半挥霍得精光，连出门基本的零用钱都不够，当然感觉寸步难行，无论再迟钝的男人都会认为不值得。这时他才会开始动起歪脑筋，把钱送到更懂得为他着想，会以“心”而不是“心机”理财的女人手里，或者干脆自暴自弃，把钱撒在酒店小姐身上。

但我也反对女性朋友帮男人打肿脸充胖子，随时动用私蓄，去填充男人的荷包。这样做不但无法证明你的爱，也会让男人觉得自己很没用，像是在吃软饭（只有没良心的男人才会翘着脚，心安理得地花祖产或另一半的钱）。拿你自己的财产开玩笑，到最后真的就会“人财两失”，亲手把男人养成没出息的小白脸，他还会反咬你一口，说是你害他感觉自己一点也不“Man”。

相反，**如果你能够体贴他的心态，“帮他”管钱之余也做个善解人意的女人，让他在外打拼时荷包和自信一样饱满，他终究会信任你理财的智慧和心意**，像我那个好命朋友的未婚夫，不需要半分诡计，他就双手把财产和爱情都奉上。

25 当他脆弱时，可以把你当保姆

一个中年外遇的男性朋友，曾经很感慨地跟我谈起他的女朋友："她对待我的方式，像老婆而不是女友；而我老婆对待我的方式，却像我妈而不像老婆。"我知道很多女性读者看到这里，已经很想对我砸鸡蛋、西红柿、石头、砖块和汽油弹了，不过，请容我把话解释清楚，之后要杀要剐也不迟。

对朋友来说，那位"外婆"（外面的老婆）不只扮演情人的角色而已。我见过她一次，并不是青春活泼的辣妹，也不是只懂得用性魅力勾住男人，言语举止都肉麻到恶心的狐狸精。她的脸上一直挂着温和的微笑，嗓音稳重，给人一种很安心很舒服的感觉，看着我朋友的时候，眼神充满了包容和关怀。

反观他家里那个名正言顺的皇后娘娘，年轻时是个大美女不提，精明能干又讨公婆欢心，看似男人梦寐以求的妻子，却是我朋友的恶梦。我也常见到那位大嫂，知道她待人处事的标准长在头顶上，把老公当成她的第三个儿子，常用她那美丽但犀利到戳死人的眼神，指示我朋友的一举一动。

听说平常两人私下相处，只要我朋友不小心露出半点软弱的样子，他老婆的嘴角就会往下一挂，开始对他“晓以大义”，劈里啪啦地讲一堆大道理，要他奋发向上，把他搞得神经兮兮的，比当兵的时候还常想吞枪自杀。

姑且不论外遇的行为是对是错，我朋友的故事，其实很值得现在一些“聪明的贤妻”、“尽责的女朋友”深思。

我常说，男人的倒霉之最，莫过于娶了一个嘴贱又毫无同情心的女人。当他想卸下武装，向老婆倾诉自己的不愉快，甚至挫折感时，立刻换来一顿又臭又长的说教，最后往往还补上一句：“我这是为你好！”

这种感觉，像是在外面被人打了左脸，回到家还得伸出右脸给老婆打。我想没有任何一个男人，可以长期忍受这种犯贱的情况。

稍微好一点的——其实也好不到哪里去——老婆虽不至于尖酸刻薄，提出的安慰却毫无诚意，例行地敷衍了事，表示她已经尽了“关心”的义务。

把夫妻关系搞成这样，就算表面上为了各种理由能够勉强维持，私底下也一定千疮百孔，不堪一击，只要遇到稍微像样一点的诱惑，马上就会瓦解。

一个再坚强的男人，也有脆弱的一面，当他脆弱的时

候，需要的是另一半温柔的理解和支持，而不是“假男人”对他的精神训话。所以，我一再提醒所有的女性：当男人脆弱的时候，你一定要懂得做他的保姆，张开双手接纳他、给他慰藉，让他乖乖地直接投入你的怀里，而不是别人的。

不过最近，我一个可说是忠实粉丝的女性朋友，在努力实行“撒娇的艺术”后跑来找我抱怨：“我什么都做了！就像你说的，凡事往好处想，体谅他的处境，也都尽量包容他，结果那个没心肝的死鬼，竟然得寸进尺，以为我是他的老妈子！”

唉！就像很多女人以为，撒娇就是要把自己变成一条章鱼，一天24小时都黏答答软趴趴地挂在男人身上，这个朋友也误解了“保姆”真正的意思。

所谓当保姆，并不是要你随时随地把男人当成小孩子，捧在手心，什么事都帮他处理好，凡事小心翼翼地就怕他不高兴，让他好像“没有你就活不下去”（有些想骗女人为他做牛做马的男人，就很喜欢把这句话挂在嘴边）。

这种做法，顶多把男人宠坏，最后他就把你视为妈妈的代替品，而且很可能会对你呼来喝去，态度比对待他妈还恶劣。

好命女知道，男人在脆弱的时候，内在的小孩才会跑出来作怪，遇到那种状况时她们绝不啰唆，而是好好地用爱把男人包围起来，倾听他的委屈，真诚关心他的痛苦。

等到他自己痊愈，再站起来，又会是一条爱老婆的好汉。

除此之外的时间，仍要让他觉得自己是一个能干有担当的大人，才会激起他“保家卫国”的荣誉心。如果不分状况和场合，只知道一味呵护，顶多是养出一个性格恶劣又没有行为能力的大型婴儿，让你走到哪里都得扛着他。

女人几乎都有天生的母性，就算没有生小孩也一样，但我发现有很多傻乎乎的白目女，以为“母性”等于母亲的角色，结果不是变成铁血晚娘，让男人感受不到温柔，就是任劳任怨过了头，最后老公孩子都骑到自己头上。

真正的母性，背后是像大海一样深厚包容的爱情，不需要无上限的牺牲，只要在关键时刻发挥支持男人的作用，就能为男人制造一个安全的避风港，如此一来，他又何必到外面去找一个温柔乡呢？

26 每天至少花十分钟，倾听他的心事

我有一个朋友和男友稳定交往了十年，人人都看好他们会结婚，可是上个月，女方却突然选择分手，让我们都跌破了眼镜。一起吃饭时，朋友们纷纷送上关心和安慰，猜想她一定有难言之隐，才会说断就断，放弃一段十年的感情。

谁知道她大姐一听，劈里啪啦地就发表起高论："也没什么特别的理由，但我们之间已经没有激情了。我常会睡一觉起来，看着他想：'天啊！我下半辈子都要这么过吗？'那种感觉真的很无聊，很空虚……"

在座几个人妻听完，戚戚然交换着心照不宣的眼神。看在我眼里，还真想到餐厅的厨房里借支锅铲，从她们的头顶一一敲下去。什么叫做"老寿星找砒霜吃"？这里就有血淋淋的案例，她还觉得自己做得很对。

我发现，许多女人的想法很矛盾，想要一段稳定的感情，一旦感情真的稳定，又开始嫌日子一成不变，和另一

半的互动也愈来愈不带劲，缺乏相遇时的激情“滋润”，害她们从美艳的正妹退化，变成沉默而苦命的黄脸婆。

为了回敬男人的冷淡，女人也顺理成章把注意力放在别的地方：自己的工作、朋友、兴趣；结了婚以后就是孩子、家里的柴米油盐……至于男人心里想些什么，管他去死！老娘没兴趣！

“反正，他也根本不在乎我想些什么！”有好几个女性朋友，一讲到这个话题就会杀气腾腾地向我呛声，好像我再多说一句，她们就要拿我当另一半的代替品，把我活活掐死一样。

这样斤斤计较的思考和吝啬的行为，只不过在和自己的幸福怄气而已！其实要维持两人之间的互动质量，真的简单到不行，只要你愿意把自己的耳朵挖干净，好好地“倾听”就可以了。

我家巷口的水果店老板娘，就是一个很好的例子。她才高中毕业，外表就是一个平凡的中年欧巴桑，但她可是很多“三高”（学历高、收入高、要求高）女性远远不及的倾听达人。

她和老板结婚二十几年，还是保有初恋般的甜蜜互动，两人甚至还当众打情骂俏。诀窍就在于，不管店里的生意再忙，回家后还要做多少家务，老板娘每天至少会挪出十分钟，找老板聊天，倾听他心里的想法。

认识他们的人都很好奇，因为他们有四个小孩，哪里来的十分钟？能挤出十秒钟都该偷笑了，老板娘却很坚持：“只要有心，一定能找到。”她认为小孩有一天会长大，老公却是自己挑选的伴。如果有人拿“照顾小孩”当作冷落老公的借口，就一定没搞清楚“牵手一辈子”到底是什么意思。

“开始时也很困难，我老公觉得我们这些庄稼人，吃饱就好，谈什么心？恶心！”她笑着对我说，“我就叫他陪我看电视，两个人坐在一起十分钟，喝杯茶，我替他按按脚什么的，顺便闲聊几句。渐渐他就习惯这段时间，有话想说的时候，自己就会跑来跟我说了。”

千万不要小看十分钟的力量！之前我在网上看到有两个家庭主妇，每天一定花十分钟研究商店的DM，比较日用品的价钱，这么一个简单的小动作，一个月就能让她们省下一万块。美国的心理学家也通过实验证实，每天只要花十分钟和人交谈，就可以提升记忆力和智力。

懂得维系婚姻或感情的好命女，在工作和家庭之间奔波，累了一整天之后，都做些什么呢？当然不是洗完澡就忙着敷脸、修指甲，或者换上性感睡衣，准备逼男人“加班”，而是利用这十分钟，和男人进行情感交流。

听男人吐苦水也好，和他分享当天生活的趣事也好，或者像水果店老板娘，两人在沙发上闲坐、喝杯茶，或替他按摩一下也好……让他知道，你并没有遗忘他，当他需要的时候，一定能找到向你倾诉的窗口。

要知道，男人的心跟女人一样，是肉做的，他在感情中渴望获得安慰的程度，也跟你一样。女人埋怨男人的热情不再，男人也会因为感情生活变得枯燥而烦恼，尤其男人天生不擅长表达情绪，如果另一半不愿主动“探听”他的心事，只怕女人还没闷到红杏出墙，男人已经先憋死了。

所以我真的要奉劝天下的女性，尤其是那些和另一半相处很久的女性同胞，别以为两人之间激情不再，一定是男人犯贱，烤熟的鸭子就不珍惜，要想想自己有没有对这段关系做了相对的付出。

打开好命那扇门并不难，但一个不用心的自私女，绝对无法获得好命的钥匙。如果不去认真经营，只因为“无聊”或“空虚”，就任性地判了男人死刑，那么你处决的并不是他，而是你自己的幸福。

27 晚上10点后，尽量别和男性朋友讲电话

我常觉得，自己这个两性专家的形象一定建立得很成功，因为我的手机一到晚上就响个不停，而且愈夜愈精彩。我那些女性朋友，简直就像“有病治病，没病补身”一样，把我当成免费两性咨询站，晚上吃饱撑着，电视看腻了，指甲油也擦好了，就打过来和我聊天。

可是我也常对她们说，如果不是和另一半吵到快出人命，需要我帮她们打电话报警，晚上10点以后，最好不要打电话来。并不是我年纪大了要早睡，而是希望她们多顾虑另一半的感受。有闲情逸致向我讨教两性相处之道，还不如多陪陪老公或男朋友。老是丢下另一半找我闲聊，我怕她们的另一半迟早会扎个“罗夫曼草人”，每天照三餐插针。

这不代表女人为了显示自己的“忠贞”，就不能结交异性朋友。老实说，没有任何异性朋友的女人，往往对男人的认知有限，也不太能体谅男人的心事，相处起来反而

会让另一半很辛苦。

但如果一个女人的神经太大条，认为男人完全不会介意她老在深夜抱着电话，找异性朋友“谈心”，可就大错特错了。

之前有一个在工作上认识的女生，因为听说我在写两性书籍，有一阵子常在晚上打电话来，问一些她和男朋友之间的问题。有一次讲了快一个钟头，她突然支支吾吾起来，然后跟我说：“不讲了，我男朋友叫我去洗澡了。”

我当场吓了一大跳，连忙问：“你们同居吗？”

那女生匆匆说了声“对，下次再聊”，就挂断了电话。

夸张的是，过了五分钟电话又响，我接起来后，听到一个压抑着愤怒的年轻男人声音：“我是某某的男朋友，请问你和我的女朋友是什么关系？”

虽然我知道，男人很痛恨另一半对外人揭发自己的丑事，尤其是对别的男人，但这种情况下，我还是选择坦承身份，告知他的女朋友是在询问如何改善两人的关系，以免说词不符，最后误会大到不可收拾。

那个男生听完，闷闷地哼了一声：“谢谢你的鸡婆，不过我可以处理自己的事情，请你以后不要再找她了。”

我望着自己的手机，只能抓抓头，苦笑两声，也打从心底希望，这个女生永远都不要再打来。我可不想哪天走出家门的时候，就被乱刀砍死，号称两性专家却为了解决别人的两性问题而丧命，也未免太凄惨了。

一般人总以为吃醋是女人的专利，其实男人醋劲大发的时候，破坏力比女人还强，因为男人必须符合社会期待，做个心胸宽阔的大丈夫，万一出现嫉妒的情绪，通常只能摸摸鼻子往自己肚里吞。

日子久了，就算罹患胃溃疡也不稀奇。要是遇上严重自信不足，又有暴力倾向的男人，搞不好还会因此登上报纸头条。

当然，我不否认“谈话”对女性朋友的重要性，说真的，女人几乎都是靠着和人交谈来减压、学习、发泄情绪、解决事情、交换讯息（包括八卦和百货公司周年庆），叫女人不说话，比叫男人不看A片还残忍。

但请不要忘记，晚上10点以后对大部分的人来说，是属于比较私人的时间，应该好好把握，去对另一半撒撒娇，听听他的心声或聊聊当天的生活。你的男人可能不善言词，讲起话来对你爱理不理的，没办法让你像跟朋友聊天那么愉快，却不代表他愿意大方地看着你，把属于他的时间花在别的男人身上。

拜科技发达所赐，现在有种东西叫做“实时通讯软件”，也就是MSN、Skype、QQ之类的东西，不少人会用它代替电话，上班时间也可以静静地和朋友聊得不亦乐乎。我有几个女性朋友就自以为聪明，晚上不讲电话，用实时通讯总可以了吧？

我很认真地奉劝女性同胞，这一招其实比讲电话还白目。当你专心在在线和朋友聊天，因为朋友讲的话而露出神秘的微笑时，你的男人可能已经在一旁看得妒火中烧，脑子里上演着800种可能的暧昧剧情，恨不得把你的电脑砸个稀烂。

因为，电话多少还能听到内容，实时通讯则不然，除非你希望另一半跑去偷看你的聊天记录。一段感情若是有了猜忌，就如同出现裂痕，虽不至于破碎，想要修补起来也是很要命的，不如从一开始就别自掘坟墓。

好命女并不是不重视自己的朋友，但她们更重视对另一半的尊重，绝对不会因为自己的一时高兴（或粗心），就把男人的感受丢到外层空间。所以当你拿起电话，想要打给男性朋友时，记得先看一下时间，如果已经太晚了，还是放弃比较好，我相信你朋友的老婆或女朋友，也会很感激你的。

28 千万不要考验他的忠诚度

我收到一位女性读者的来信，她说她刚交了一个新男朋友，可是很害怕他在外面乱来，问我有什么方法测试他会不会花心。

很抱歉，我没办法回答这个问题，并不是为了维护男性人权，而是光看问题，就知道这位女读者很没自信，就算我写下100个测试的方法，也只会让她愈来愈歹命而已。

说真的，想知道一个男人对你到底有多忠诚，根本不需要任何测试，只要你的眼睛没被蛤仔肉粘住，平常就可以从小地方观察出来。

如果一个人企图利用某种方法，测试另一半的忠诚度，情况往往是另一半根本没有异常举动，纯粹是当事人的被害妄想。这些人需要看精神科或心理咨询，而不是我的建议。

的确，在一段感情中，“信任”是一个非常重要，但也很困难的课题。

尤其当媒体三天两头报道劈腿、外遇的新闻，让一般人闻“劈”色变，只要看到相关报道，就忍不住在心里偷偷打量另一半有没有类似的征兆。

可是，我想提醒各位女性朋友，并不是每个人都真的有劈腿，或者被劈腿的经验，大部分的人只听过别人的故事，然后一传十、十传百，所以请不要老是神经兮兮的。

就算很不幸，你以前的男朋友会劈腿，也请你学习好命女的精神：凡事都往好的一面想，别把过去的阴影带到新的感情关系里。新男友是新男友，前男友是前男友，不要因为被蛇咬过一次，就把草绳、蚯蚓、电线、猪肠……全部混为一谈。

好命女知道要放下过去，在每段感情开始的时候，就“再世为人”，不管前男友做过什么，都是上辈子的事了，跟现在的对象无关。

我一再重申，好命女和歹命女最大的差别，在于她们清楚自己真正要的是什么。大部分的好命女在正式发展新恋情之前，也会技巧性地讲明自己对忠诚度的标准，让不适合的人自我淘汰。

但女人通常比较多心一点，所以我再奉劝各位女性朋友，选定对象，画下底线后，就不要一天到晚疑神疑鬼的。感情最大的敌人，其实不是不忠，而是猜忌。

好命女不轻易受到其他人影响，就算周围的人都在劈腿，她们也愿意全心全意信任自己选择的另一半。

最近电视上很流行谈话性节目，请女艺人来分享感情或婚姻经验。很多女艺人大谈如何跟踪监视另一半，或者设局考验，看看对方会不会上钩犯错。

我真的很担心，女性朋友会照着她们的方法做，因为这些，都是忙着亲手把幸福往火坑里推的歹命女。

她们自以为技巧很高明，但除非对方脑残，否则一定感觉得到。而在男人的眼中，再可爱的女人，只要喜欢耍心机，或者爱怀疑、爱吃醋，看起来都跟母夜叉没什么两样。

从心理学的角度分析，如果你常怀疑另一半不忠，等于预设犯罪，原本安分守己的男人，会觉得不被相信、被冤枉，相对的，他也没办法全心全意相信你。

而且，人的潜意识很奇妙，本来不想做的事情，一旦被讲多了，就会有“做做看”的欲望，很多男人就是这样被另一半“逼”到出轨的。

最后不是搞到互相不信任，就是弄假成真。当感情宣告破裂，歹命女又开始哭哭啼啼，说她们早就知道男人都是禽兽，没一个好东西，全都不值得信任，从此陷入歹命的恶性循环里。

所谓的信任，是绝对信任，而不是表面上说信任，私底下还是疑神疑鬼，反而弄巧成拙。

我一个朋友，就闹出叫人哭笑不得，夸张到几乎没人相信的故事。

她的男朋友喜欢和别的女人打情骂俏，本来她总是气个半死，可是又常听我说好命女长好命女短的，她就想努力改变自己的心态。

于是她告诉男朋友，自己决心做一个温柔体贴的女人，所以不再干涉他的行为，她会接受他原本的个性。

结果——你大概已经猜到了——不到两个礼拜，她就亲眼目睹男友在酒吧喝醉，和旁边的女客人深情拥吻。

事后她找我哭诉了好几个小时，实在很可怜，却也被我骂了超过50次“笨”。

唉！虽然她的男朋友不是什么好东西，但她也太迷糊了。先不提她为何跟那种男人在一起，没有那个气度，就不要假装大方。不然对方真的以为能够为所欲为，最后气到吐胆汁的，还是自己。

所以，我想对那位来信的女读者说，如果你刚展开一段新恋情，那么恭喜你，好的开始是成功的一半，赶快把底线画清楚。更重要的是，你要建立自信，也要相信自己所选的人，测试忠诚度的方法有很多，但是没有任何一个可以让你变好命，一切都要靠你自己努力。

记住，就算是平时看起来自信满满的男人，一样希望被自己的女人全心信赖。**世界上也没有任何一个正常的男人，喜欢每天玩谍对谍的游戏。只要你愿意百分之百信任自己的选择，就能创造自己的好命人生。**

29 他下班才进门时，别急着和他讲大道理

很多女人抱怨，跟另一半愈来愈难沟通，热恋的时候总有讲不完的话，可是一旦感情稳定，尤其结婚或同居之后，男人就成了蛤蜊——明知道他心里有事，但他就是紧闭尊口，死也不肯打开。

女人们往往陷入恐慌，到处找人分析："他是不是不爱我了？"

而我会反问她们："你平常选在什么时候找他沟通？"

回答多半是"晚餐时间"，也就是男人下班回到家以后。果然不出所料。

根据科学统计，一个人刚下班时，是他一整天最虚弱、最敏感的时间。职场的压力、生理的疲惫、拥挤的交通，都会让人觉得不耐烦，一般人都想赶快冲回家，好好地放松休息一下。如果你很不识相，老是选这种时间找另一半沟通，结果对方爱理不理，或者讲一讲就吵起来，只

能说是活该。

并不是他不好沟通，而是说话的时机不对。无论你讲的事情多重要，动机多有善意，只要挑错时间点，他就会认为你在缠他。

聪明的女人知道，下班时间是吵架的高峰期，是最危险的地雷时段，男人不但听不进任何严肃的话题，而且情绪不稳定，容易发脾气。

你若不想变成被地雷炸死的歹命女，就千万别跟他讲大道理，而是要先顺着他的毛摸，摸对了，一切好说。

我曾经提过一位真“衰肖”（倒霉）的同事，就是不幸娶了歹命女的典型歹命男。他每天一回家，就好像进入六福村的野生狮子区一样，原本想跟老婆撒撒娇、抱怨一下工作。不料，老婆非但不予同情，还总是把他教训一顿。

老实说，他没有动手打老婆，只是默默忍受歹命，已经很有修养了。难怪有不少男人，下班以后情愿到酒店报到，也不愿意回家面对爱缠的太太。

我当然不会鼓励你守在门口等男人回家，替他脱鞋脱袜，高举双手奉上拖鞋、热茶和毛巾，还送他到沙发上当皇帝老爷，帮他按摩、捶腿。

说真的，即使你是家庭主妇，也有自己的职责和压力，叫你累了一天以后还扮演女佣的角色，未免太委屈了。可是，这不代表你可以不顾另一半的感受，如果你想成为好命的女人，请务必把任性的一面丢掉，多为另一半想想。其实，只要把握几个简单的原则，距离好命也不会太远。

好命女很清楚，要把男人留在自己身边，方法简单到叫人跌破眼镜，就是别做一些很笨的事情，把男人往外推。

好命女也懂得看状况，她们知道什么时候可以和男人讨论严肃的话题，什么时候默默做一个撒娇的小女人。

在此我又不得不说，部分女性同胞，似乎有理解力障碍，以为只要能煮出一大桌好菜，就一定能让男人服服帖帖，完全搞错“抓住男人的心”的意思。

其实对男人来说，“跟什么人吃饭”比“吃什么”重要，桌上的食物再美味，也不会比另一半的温柔更让人感动。相反，如果旁边有个唠叨不休的笨女人，不要说男人，谁都吃不下饭，就算硬吞下去，也会消化不良。

要知道，并不是每一个好命女都领有蓝带厨师资格，但她们善于体贴另一半，让男人回到家之后，就能从内到外好好休息，所以男人也会安心把自己的人生交给她们。像我一个朋友，各方面的条件都只是中等，厨艺也普通，但她和老公感情非常好，完全没有沟通上的困难。

秘诀在于她懂得“把地雷变黄金”。老公一下班，她就送上准备好的鸡精或参茶，或者切一点水果，让累了一整天的老公先喘口气，等到老公回魂了，才开始准备吃饭。

万一老公在餐桌上吐苦水，她总是耐心听他说，再用乐观温柔的话安慰几句，撒撒娇称赞老公，绝对不会马上板起脸说教。

这样的女人，老公不把所有的心事和想法跟她说，还会跟谁说呢？

即使你的工作比另一半还忙，也别把回家后的气氛搞得很紧绷。有什么非讲不可的重要事情，可以缓一缓，等到吃完饭，两个人的情绪都比较稳定，再提出来慢慢讨论。

俗话说：“成功的男人背后，总是有一个伟大的女人。”

到底应该多伟大？见仁见智，但我敢用人头担保，绝对不是想到什么就说什么、口才好到可以去当名嘴的那种“伟大”。

一个真正在事业、家庭、人生，各方面都成功的男人，他们另一半的伟大在体谅、贴心和柔情之中。她们运用智慧，让家变成最温暖安全的避风港，用浓浓的爱和关怀保护自己的男人，当男人变得好命，她们当然就会更好命。